智乐花开：

立德树人导向下
小学家校社协同育人实践研究

祝莉娟　著

群言出版社
QUNYAN PRESS
· 北 京 ·

图书在版编目（CIP）数据

智乐花开：立德树人导向下，小学家校社协同育人
实践研究 / 祝莉娟著. -- 北京：群言出版社，2024.6
ISBN 978-7-5193-0939-8

Ⅰ. ①智… Ⅱ. ①祝… Ⅲ. ①小学－学校教育－合作
－家庭教育－研究 Ⅳ. ①G626

中国国家版本馆CIP数据核字（2024）第086259号

责任编辑：孙平平　张　程
封面设计：尚丞印刷

出版发行：群言出版社
地　　址：北京市东城区东厂胡同北巷1号（100006）
网　　址：www.qypublish.com（官网书城）
电子信箱：qunyancbs@126.com
联系电话：010-65267783　65263836
法律顾问：北京法政安邦律师事务所
经　　销：全国新华书店

印　　刷：北京九天万卷文化科技有限公司
版　　次：2024年6月第1版
印　　次：2024年6月第1次印刷
开　　本：710mm×1000mm　1/16
印　　张：9.5
字　　数：150千字
书　　号：ISBN 978-7-5193-0939-8
定　　价：89.00元

前　言

近年来，家校社共育备受社会关注，党和国家相关政策的相继出台，不仅赋予新时代家校社共育全新的内涵，也对基层学校落实家校社共育提出了新的要求。从《中华人民共和国未成年人保护法》到《中华人民共和国家庭教育促进法》，从《关于进一步减轻义务教育阶段学生作业负担和校外培训负担的意见》再到教育部等十三部门《关于健全学校家庭社会协同育人机制的意见》，让我们认识到家校社共育是新时代培养德智体美劳全面发展的社会主义建设者和接班人的根本要求，是实施素质教育的重要内容，也是培育和践行社会主义核心价值观的有效载体，是提高学生综合素质的基本途径。

从学校办学的视角，联合家庭和社会力量，实现家校社协同育人已然成为学校办学的职责和使命。作为开展家校社协同共育的主阵地，我校将从四个方面做出努力：一是全面解读和理解新时代家校社共育的内涵和要求，准确把握育人导向，自上而下形成思想共识和行动共识；二是多维度分析学校家校社共育开展的现状、办学文化及育人目标，结合新时代家校社共育新形势、新要求，推动学校家校社共育体系建设与办学文化、育人目标的深度融合；三是基于家校社共育的理念，围绕家校社共育目标，进一步建构和深化家校社共育体系的内容；四是推进家校社共育实施和加强家校社共育评价，在共育实践中不断总结经验、提炼和创新，形成我校的家校社共育特色，打造区域家校社共育靓丽名片。

带着这样的思路，在家校社共育政策导向下，我校对多年来取得的家校社共育成果进行梳理与总结，以"智乐"文化为核心，因地制宜，全面擘画家校社共育体系建设思路，梳理学校家校社共育的目标，整体搭建家校社共育课程结构，特色推进家校社共育实施模式，完善丰富家校社共育评价，通过家校社共育体系的建构和实施，激活我校教学、管理改革的内生力，扩大学校影响力，打造区域家校社共育建设的典范，赋能家庭教育，培养健康、阳光、文雅、上进的学生，使他们真正成为智慧学习、快乐成长的培英少年。

目 录

第一章

深思·开启立德树人导向下家校社协同育人的探索之旅

本章主要讲述我们开展家校社协同育人实践研究的背景，立足学校的办学思想，从当前家校社协同育人的时代背景出发，认识到学校教育和家庭教育、社会教育密不可分，分析当前开展小学家校社共育的时代价值、存在的问题及成因，最终提出基于"智乐"理念引领下进行家校社实践研究的构思与想法，为推进家校社一体化协同育人提出一条更好的路径。

第一节　别开生面，新时代家校社协同育人的内涵诠释

当前，国与国、地区与地区之间日趋激烈的竞争归根结底是人才的竞争，强大的人才竞争力无疑是提升国家综合竞争力的基础和保障。无论是学校教育、家庭教育还是社会教育，都担负着为国育人、多出人才、推动我国从人口大国迈向人才强国的使命。

《中共中央关于制定国民经济和社会发展第十四个五年规划和二〇三五年远景目标的建议》明确提出"健全学校家庭社会协同育人机制"。新形势下，如何理解家校社协同育人的内涵？如何形成、释放协同育人的合力？这些问题成为全社会普遍关心的话题。带着对问题的思考，我们对新形势下家校社协同育人相关概念进行了研究和分析，并对家校社协同育人的内涵进行了校本化解读，以保证后续实践沿着正确的轨道进行。

一、家庭教育、学校教育、社会教育的概念辨析

家庭教育、学校教育、社会教育共同肩负着育人的职责，影响着学生的成长、成人、成才。但是由于三者各自有别，功能不一，明晰三者的内涵与关系成为实现家校社协同育人的前提与基础。

（一）新时代家庭教育、学校教育、社会教育的内涵

我们根据国际国内对家庭教育、学校教育、社会教育定义，结合当下教育发展需要对家庭教育、学校教育、社会教育的要求，对家庭教育、学校教育、社会教育的内涵进行了分析。

家庭教育有广义和狭义之分。广义的家庭教育是指家庭成员之间以实现个体人格完善、家庭关系和谐、家庭健康发展为目标的家庭成员之间积极影响、相互作用的过程。狭义的家庭教育指由家长（主要是父母）对未成年人实施的教育和影响[①]。

新时期，《中华人民共和国家庭教育促进法》指出："家庭教育是指父母或

---

① 单志艳.家庭教育指导服务规范研制研究[J].少年儿童研究,2019(5):6,10-14.

者其他监护人为促进未成年人全面健康成长，对其实施的道德品质、身体素质、生活技能、文化修养、行为习惯等方面的培育、引导和影响。"可见，当下家庭教育要以立德树人为根本任务，培育和践行社会主义核心价值观，弘扬中华民族优秀传统文化、革命文化、社会主义先进文化，促进未成年人健康成长。

学校教育是在学校中实施的教育。在学校教育中，教育者要按照一定的社会要求，向受教育者施加有目的、有计划、有组织的影响，以使受教育者发生预期变化。新形势下，中共中央办公厅、国务院办公厅印发了《关于进一步减轻义务教育阶段学生作业负担和校外培训负担的意见》，要求学校教育以生为本，聚焦于建设高质量教育体系，切实提升学校育人水平，有效减轻义务教育阶段学生过重的作业负担和校外培训负担，促进学生全面发展、健康成长。

社会教育的定义可分广义和狭义两种。广义的社会教育是指有意识地培养人，并使人身心和谐发展的各种社会活动，如青少年宫活动，博物馆、科技馆、剧院、艺术节演出等。其内涵类似"社会环境"①。狭义的社会教育是指由政府、公共团体或私人设立的社会文化教育机构对社会全体成员所进行的有目的、有系统、有组织、独立的教育活动②，家校社协同育人中的社会教育则主要是指针对儿童青少年开展的教育活动。当下社会教育的主要任务就是营造风清气正的社会环境，传递社会正能量，同时支持学校教育，开放社会资源，为学生提供社会实践的机会和平台，指导和服务家庭教育，加强家庭教育指导阵地建设、队伍建设。

（二）家庭教育、学校教育、社会教育之间的关系

人的一生中，最早接受的是家庭教育，起主导作用的是学校教育，影响最深远的是社会教育。学校、家庭和社会教育功能有别，长短兼具且无可替代，不能用一种倾向掩盖另一种倾向，用一种价值替代其他价值。家庭教育不是学校教育的补充或辅助，社会教育也不是学校教育的补充，三种教育各自具有其独立的功能且相互影响。

其中，学校教育可以引导家庭教育，为社会教育奠定基础；社会教育能够深刻地影响家庭教育、学校教育的方向、内容及效果。家庭教育、学校教育、

---

① 方建移,胡芸,程昉.社会教育与儿童社会性发展[M].杭州:浙江教育出版社,2005:2.
② 侯怀银.中国社会教育的若干问题[J].教育研究,2008(12):40.

社会教育在理念统一、目标一致、情感融洽的基础上，共同承担育人责任、协同合作，发挥不同教育因素的互补作用和多渠道影响的叠加效应，建立起多向互动、共同促进的协作关系，才能真正形成巨大的教育合力，实现最佳育人效果。

二、家校社协同育人的内涵解读

为了更深入地理解"家校社协同育人"的内涵，我校对国内外家校社协同育人相关理论进行了研究，并结合当下教育发展趋势对家校社协同育人相关概念进行了解读。

（一）国外家校社协同育人相关理论

在国外，家校社协同育人理论主要源于生态系统理论、布迪厄资本理论和交叠影响域理论。

生态系统理论：生态系统理论强调人的发展由其生活环境中的生物因素与环境因素交互影响。此理论的代表人物有霍布斯、布朗芬布伦纳等人。其中，霍布斯通过生态系统理论研究青少年成长过程中家庭与学校的关系，得出"青少年问题与其亲友、学校、社区等因素密切相关"[1]。1979年，布朗芬布伦纳根据相关性强弱将影响青少年成长因素归纳为"微系统""中系统""外系统""宏系统"等四个子环境系统，并以时间维度将四个系统相互嵌套[2]。

布迪厄资本理论：1980年，布迪厄把学生的家庭资本划分为经济资本、文化资本与社会资本三大类别[3]。其中，经济资本是指可利用的金钱、物质资源的总称，而文化资本与社会资本则具有较强的隐喻属性。后两者并不具有经济资本的基本特征，不是真正意义上的资本，但在固定的社会场域下，体现了与经济资本的相似性。社会资本是通过对社会关系进行投资并能获得回报的一种资本，它是内嵌于社会关系与社会结构中的一种资源。文化资本是包括语言能力、社会交往能力、专业技能等等多方面能力的综合体现。同时，布迪厄将文化资本分解为具象化文化资本、客观化文化资本、制度化文化资本等三个层面[4]。

---

① 毕诚.家校社协同育人的文化思考[J].人民教育,2021(11):61-63.

② 刘衍玲,臧原,张大均.家校合作研究述评[J].心理科学,2007(2):400-402.

③ Bronfenbrenner, U. The Ecology of Human Development: Experiments by Nature and Design[M]. Cambridge: Harvard University Press, 1979:201.

④ 周序.文化资本与学业成绩:农民工家庭文化资本对子女学业成绩的影响[J].国家教育行政学院学报,2007(2):73-77.

交叠影响域理论：美国霍普金斯大学教授爱普斯坦等人在生态学的解释框架和科尔曼"社会资本"理论的基础上提出家庭、学校、社区三主体的交叠影响域理论，以此作为家校社伙伴关系的理论基础。此理论认为家庭、学校及社区对学生的教育与发展的影响力是彼此重叠的。随着学生年龄、年级的变化及成长背景与学习环境的差异，家庭、学校及社区对每位学生产生的影响力各有不同①。

（二）家校社协同育人理论在我国的发展

20世纪90年代，我国教育界开始将家长、学校作为主要载体开展家校协同教育的探索，提出"协同教育"这一概念。进入21世纪，协同教育开始横向延伸。2002年，孙庆曜提出可以将社会教育纳入协同教育。②2006年，南国农在其论文中提出"协同教育是一种新的教育方式"③。2010年，《国家中长期教育改革和发展规划纲要（2010—2020年）》明确了协同育人的地位与任务，把"健全学校、家庭、社会协同育人机制"作为我国教育改革的长期方向。

总体来说，我国对协同育人的研究虽然起步较晚，但近年来教育界对该领域的关注度呈逐年增高的趋势，健全"家校社"协同育人机制成为2023年的热点话题。在创建中国式协同育人模式的过程中，不少专家都强调结合中国国情，注重传统文化。

（三）新时代家校社协同育人的具体内涵

为了深入理解家校社协同育人的内涵，我们对不同学者给"家校社协同育人"的定义进行了整理分析。首都师范大学康丽颖教授认为"家校社协同育人"是指学校、家庭和社会围绕共同的教育目标，明确对儿童教育的共同责任，相互配合、整合资源、平等合作，发挥各自的优势，创设最有利于儿童成长的教育生态环境，实现教育目标、过程和结果的统一。东北师范大学郗厚军认为学校家庭社会协同育人，是落实立德树人过程中学校家庭社会主体要素之间、学生要素之间以及主体要素与客体要素之间所构成的多元互动、协同创新、融合

---

① 朱伟珏."资本"的一种非经济学解读：布迪厄"文化资本"概念[J].社会科学，2005(6)：117-123.

② 孙庆曜.谈小学德育协同教育的策略[J].教育探索，2002(8)：89-90.

③ 南国农.成功协同教育的四大支柱[J].开放教育研究，2006(5)：9-10.

发展的综合平衡合力育人动态系统。①

综上所述，我们得出以下四点结论：第一，家庭教育、学校教育和社会教育在协同育人中的主体地位是平等的，不存在从属关系。第二，要实现家校社的协同，就要把三者的行动都统一到"培养合格的社会主义建设者和接班人"这一育人目标上来，形成三维立体、全方位育人的格局。第三，家校社的协同是通过加强交流、高效协同、形成教育合力来实现的。第四，对于现代化教育体系而言，学校、家庭、社会协同育人就是通过不同的教育主体来发挥不同的育人作用，通过全面加强对学生的引导，可以在提高育人质量的同时为学生营造最佳成长环境。

（四）新时代家校社协同育人机制的具体内涵

为推进教育的高质量发展，国家"十四五"规划明确提出要"健全学校家庭社会协同育人机制"。那么什么是"家校社协同育人机制"？康丽颖教授认为学校家庭社会协同育人机制是指国家为推动教育目的实现，落实立德树人根本任务，建立由政府统筹、学校主导、社会支持、家庭参与、多元主体协作的共建共治共享的教育工作系统及工作原理②。华东师范大学教授白芸认为家校社协同育人机制是指为实现育人目标，政府部门通过构建制度化的协同模式，使家庭、学校、社会这三个子系统之间协作，形成同生共长、协同育人的高效有序运作机制。③

综上所述，我们认为家校社协同育人机制本质上在于以"全面育人"为价值旨归、以"主体协同"为基本要义、以"机制健全"为工作重心，机制的健全或者建设，最终是要落实立德树人根本任务，指向的是培养德智体美劳全面发展的社会主义建设者和接班人。

三、新形势下家校社协同育人的类型

新形势下的家校社协同育人并非要求所有的教育主体都要随时参与其中。实际上，家庭与社会、家庭与学校的协同，学校与社会的协同，都可以取得显

---

① 郝厚军.学校家庭社会协同育人:性质指向、理论意涵及关键点位[J].东北师大学报(哲学社会科学版),2022,(3):139-145.

② 康丽颖.健全校家社协同育人机制的政策内涵、现实困扰与工作路径[J].人民教育,2023(24):29-32.

③ 马晓丽,白芸.家校社协同育人的基本内涵、关键要点与过程机制[J].福建教育,2021,(24):6-9.

著的效果和积极的作用。在具体的实践中，可以根据实际情况进行灵活运用。

（一）家社协同育人

在家社协同育人中，社会相关单位要将家庭教育指导作为城乡社区公共服务重要内容，积极构建普惠性家庭教育公共服务体系，建设覆盖城乡社区的家长学校等家庭教育指导服务站点，积极配备专兼结合的专业指导人员，配合家庭教育指导机构有针对性地做好指导服务；家庭要引导子女体验社会，根据子女年龄情况，主动利用节假日、休息日等闲暇时间带领或支持子女开展户外活动和参观游览，积极参加多种形式的文明实践、社会劳动、志愿服务、职业体验以及文化艺术、科普体育、手工技能等实践活动，帮助子女更好地亲近自然、开阔眼界、增长见识、提高素质。

（二）家校协同育人

在家校协同育人中，学校要全面掌握并向家长及时沟通学生在校期间的思想情绪、学业状况、行为表现和身心发展等情况，同时向家长了解学生在家中的有关情况。同时，学校家校工作负责人积极创新日常沟通途径，通过使用家庭联系册、电话、微信、网络社会平台等方式，保持学校与家庭的常态化密切联系。家长要积极参加学校组织的家庭教育指导和家校互动活动，自觉学习家庭教育知识和方法，主动参与家长委员会有关工作，充分理解学校正常教育教学工作，积极配合学校依法依规严格管理教育学生，会同学校加强子女安全教育，增强子女安全防范意识和能力。

（三）校社协同育人

在校社协同育人中，学校要把统筹用好各类社会资源，积极拓展校外教育空间，要主动加强同社会有关单位的联系沟通，建立相对稳定的社会实践教育基地和资源目录清单，依据不同基地资源情况联合开发社会实践课程，有针对性地常态化开展共青团和少先队活动、劳动教育、实践教学、志愿服务、法治教育、安全教育和研学活动等。社会要推进社会资源开放共享。社区要面向中小学生积极开展各种公益性课外实践活动。各类爱国主义教育基地、法治教育基地、研学实践基地、科普教育基地和图书馆、博物馆、文化馆、非遗馆、美术馆、纪念馆、科技馆、演出场馆、体育场馆、国家公园、青少年宫、儿童活动中心等，要面向中小学生及学龄前儿童免费或优惠开放；常态开展宣传教育、科学普及、文化传承、兴趣培养和实践体验等活动，并通过设立绿色通道、线上预约、开放日等方式，为学校、幼儿园组织学生及幼儿或家长带领子女来开展活动提供便利。

四、新形势下家校社协同育人的特征

苏联教育专家苏霍姆林斯基说过："教育的效果取决于学校和家庭的教育影响的一致性。"新形势下家校社协同育人旨在形成教育合力，实现最佳育人效果，其显著特征表现在以下几个方面：

（一）以人为本，立德树人

习近平总书记指出，"要把立德树人的成效作为检验学校一切工作的根本标准"，"做到以树人为核心，以立德为根本"。教育的本质是培养人，其在最基本的层面表现为要使人为生存而掌握基本的知识技能；第二个层面是使人为了提高生活质量而不断地学习；最高层面的目标则是使人能超越一般的生理性生存和平庸的生活，最终向着合乎道德的日趋完美的生命迈进。立德树人是学校、家庭和社会共同的任务，家校社协同育人只有坚持立德树人，才能引领教育摆脱功利主义，使家庭、学校、社会能共同关注人生命的发展，使生命日趋完美。

（二）五育融合，终身教育

"五育融合"是当前及未来基础教育改革的重要发展方向，是提升育人质量的重要路径。新形势下的家校社协同育人倡导发展素质教育，将德育、智育、体育、美育和劳动教育融合，通过家庭、学校、社会的协同共育将五育中不同学科、不同领域、不同学段的内容、知识、思想、经验、以最佳的方式传授给学生。同时，新形势下家校社协同育人的重心正从只注重儿童青少年教育转向注重终身教育，这是由现代家庭教育、学校教育和社区教育都是终身教育体系的重要组成部分，都具有终身性的特点决定的。终身教育坚持整体建构和综合发展，追求人的全面发展，促进教育的不断完善，助力社会的不断进步，已经当今社会普遍认可的教育理念。

（三）新型伙伴，平衡主体

家庭教育、学校教育和社会教育分属三个不同的场域，因为有共同作用对象——学生而产生相互联系。新形势下，家校社协同育人中的家庭、学校、社会各自扮演不同的角色，承担着不同责任，形成了一种新型的、平衡的伙伴关

系。在这种伙伴关系中，家庭教育、学校教育和社会教育，各就其位、各尽其力、各负其责，三者的地位和权利平等，没有哪一方绝对优先而要求其他各方服从或者隶属于自己，三者的教育影响也无先后次序之分。

（四）有序合作，互促共进

过去我国家校社之间也有一些简单的合作，但这些合作大多是无序的，并且合作时断时续。新形势下的家校社协同育人，强调的是家校社各方要从无序的合作走向有序的协调一致。首先，有关政策和法律为我国家校社协同育人从无序合作走向有序协调提供了制度依据。2021年出台的《中华人民共和国家庭教育促进法》《"十四五"规划和2035年远景目标纲要》及"双减"政策等文件中，规定了要明确家校社协同责任、健全家庭学校社会协同育人机制，为家校社协同育人走向有序协调提供了明确的政策和法律依据。其次，学校教育、家庭教育和社会教育都在不断提升专业化水平，使家校社之间的沟通更加准确与高效，合作更加有序与协调。

（五）学校主导，社会支持

家校社协同育人是一项复杂的社会系统工程。学校的主导，对于突破原有的教育框架，形成家、校、社平衡的主体关系，建立家校社协同育人机制，实现家校社融通与合作，形成教育合力，都起着决定性作用。教育部等十三部门《关于健全学校家庭社会协同育人机制的意见》指出："学校充分发挥协同育人主导作用，家长切实履行家庭教育主体责任，社会有效支持服务全面育人。"在具体实践中，学校可以通过设计能实现家校社协同育人的目标和任务的项目活动，使家庭、学校、社会平等参与，各安其位、各扬其长。例如，在家庭家教家风建设活动中开展中华优秀传统文化教育、中华民族传统美德教育、爱国主义教育、生态教育、公民教育、创业教育、职业规划教育等活动。

教育的终极旨趣在于"使人成人"，培养合格的社会主义建设者和接班人的任务，不是始于学校、终于学校，而是始于家庭、终于社会。面对教育暴露出的问题和短板，只有家庭、学校、社会形成一个"闭合链"，合力推动教育的发展，才能产生"1+1+1＞3"的教育效果，促进学生全面、健康发展。未来，家校社协同育人还会在教育综合改革中发挥更加重大的作用，持续促进教育创新发展、综合发展。

第二节　价值追问，新时代家校社协同育人价值及问题

2023年1月，教育部等十三部门《关于健全学校家庭社会协同育人机制的意见》指出，"健全学校家庭社会协同育人机制是党中央、国务院作出的重要决策部署，事关学生全面发展健康成长，事关国家发展和民族未来"。家校社协同育人成为新时代中国教育高质量发展的战略主题，其突出地位与重要使命前所未有。

近年来，随着《中华人民共和国家庭教育促进法》《关于进一步减轻义务教育阶段学生作业负担和校外培训负担的意见》等政策的颁布，各校都在积极探索推进家校社协同育人路径，但仍存在信息共享不足、育人模式单一、合力尚缺等问题。

一、新时代家校社协同育人的价值意义

个体从生物实体转化为社会实体，从一种水平的社会实体转化为另一种水平的社会实体，成为具有历史规定性的人、一定社会精神生活的积极参与者，必须通过教育完成。家校社协同育人作为面向新时代发展的教育模式，不仅是践行"三全育人"理念的应然需求，而且还是实现基础教育高质量发展的实然诉求，更是面向新时代教育改革的现实要求。

（一）家校社协同育人是践行"三全育人"理念的应然需求

"三全育人"即全员育人、全程育人、全方位育人，是中共中央、国务院《关于加强和改进新形势下高校思想政治工作的意见》提出的坚持全员全过程全方位育人的要求。而新时代的家校社协同育人与"三全育人"的理念相互融通、互为表里，开展家校社协同育人可以说是践行"三全育人"理念的应然需求。

首先，新形势下的家校社协同育人是实现全员育人的有效方式。一方面，家校社协同育人模式的参与主体地位平等。各主体与学生之间的角色关系决定着教育功能的差异性，进而体现在对学生教育成长肩负不同的权利与责任，并形成内部相互独立的协同关系。另一方面，各主体功能各异但可互相补充，相辅相成。其次，新形势下的家校社协同育人是实现全过程育人重要手段。怀特

认为过程是事物的各个组成要素在时间与空间两大维度上排列组合运动[①]。所有物质均以过程的形式表达着存在，因此，教育作为影响人身心发展的活动，是建立在过程形式的基础之上，忽略了教育的过程属性就难以把握教育内涵价值，更难以实现教育目标。家校社协同育人模式涵盖了以家庭、学校、社会为主体的学生成长全过程，避免各主体因时空客观条件改变而出现育人的盲区死角，保障了教育工作的全过程性。

再次，新形势下家校社协同育人是实现全方位育人的可靠途径。全方位育人强调育人的空间性，即充分利用现实教育场域以实现育人目的。而学校、家庭、社会各场域的区别主要体现在不同的教育功能与途径。随着网络技术的迅猛发展，中小学教育必须正视机遇与挑战，将全面发展的理念融入教育体系的方方面面。家校社协同育人主体多元、以全面性覆盖、教育渠道多样等特点区别于传统教育场域，打破了传统教育场域中教育与非教育领域的壁垒，突破了教育参与主体之间的人际关系边界，冲破教育时空的藩篱，将全面发展理念渗透于青少年学生的价值观念、知识体系、思维模式等方面，从而实现全方位育人。

（二）家校社协同育人是实现基础教育高质量发展的必然诉求

新时代的基础教育高质量发展更加注重终身育人、智能育人、融合育人。当下，家校社协同育人除了具有满足学校教育发展的传统价值外，还具有完善终身学习体系、助力智能育人、融合育人的新价值。

首先，基础教育是终身教育的重要起点，也是终身教育体系的重要支柱。"终身教育"是贯穿人的一生的教育，不仅包括各级各类教育，同时也包括家庭教育、学校教育、社会教育[②]。新形势下家校社协同育人是内嵌于渗透终身教育理念、构建终身教育体系的整体社会发展任务之中的。它以培养终身学习意识、能力与习惯的社会主义接班人为目标，通过家庭教育、学校教育、社会教育等多元途径真正有效地构建起"处处能学、时时可学"的学习型社会。

其次，人们正站在第四次工业革命的风口浪尖，人工智能、区块链、元宇

[①] 曲跃厚，王治河.走向一种后现代教育哲学：怀特海的过程教育哲学[J].哲学研究，2004(5)：85-91.

[②] 吴遵民.改革开放40年中国终身教育的历史回顾与展望[J].复旦教育论坛，2018(6)：12-19.

宙等智能信息技术正引发新一轮的教育改革[①]，牵引人类教育转向智能化，这意味着教育流程正逐步向"智慧育人、全面育人"的方向进行重组与再造。而基础教育数字化需要通过运转高效、反应灵活的育人来实现，新形势下家校社协同育人则为此提供了一个可靠载体。同时，当下的数字化教育不局限于学校正规课程教育，还通过利用社会教育资源不断更新理论知识，结合智能技术为学生能力发展、融通搭建桥梁，满足学生发展的个性化需求。

再次，"五育"融合是建设基础教育高质量发展体系的核心内涵，而家校社协同育人模式是践行"全面融合"理念的有效途径。"五育"的融合并非德智体美劳的简单堆叠，而是呈现多维度、多层面的全方位融合[②]。五育融合一方面指育人内容、育人目标、育人手段的内在融合，另一方面也包括育人主体、育人场域、育人媒介的外在融合。家校社协同育人模式将教育生态系统中各相关因素置于同一场域，为教育要素的全面融合提供先天条件。

（三）家校社协同共育是解决当下教育矛盾的重要手段之一

时下，基础教育在内容、环境、资源等方面不断发生变化，中小学教育面临学生生命安全、心理健康等许多严峻的问题。分析其成因，其中学校和家庭缺乏必要有效的沟通是重要的原因之一。同时学校与社会媒体、资源的互动和宣传时常不到位，也造成社会媒体或资源单位对学校工作不够全面了解和理解，在教育矛盾出现的时候，没能从各方面起到积极正向的作用。学校作为相对封闭的育人系统，其课程安排、学习作息等都有别于家庭和社会教育。家庭和学校虽然进行沟通交流，也有很多共通之处，但不同学段学校系统的运行有自身特点和规律，而每个家庭中家长的工作时间及安排不可能完全相同，两者之间会存在很多差异，社会单位和组织运行又有其自身特点。三者之间存在诸多需要不断沟通、交流、协同配合的部分。

在这样的环境下，如果家庭、学校、社会、父母和孩子之间的沟通不到位，任何一方都有可能出现不适应的情况，学生也更容易出现焦虑情绪，这样的焦虑情绪往往会从孩子转嫁至学校老师身上，加深教育矛盾。依据家校社协同育人的理念和措施加强沟通交流，可以在很大程度上缓解教育矛盾，促进社会、

---

① 胡钦太,刘丽清,郑凯.工业革命4.0背景下的智慧教育新格局[J].中国电化教育,2019(3):1-8.

② 宁本涛."五育融合"与中国基础教育生态重建[J].中国电化教育,2020(5):1-5.

学校与家庭之间的信息互通，帮助学校了解家庭的诉求和痛点，家庭也可以通过家校社协同育人了解到孩子在校的情况、教育教学的进程以及下一阶段的任务目标，对学校教育能够给予更准确、正面的帮助和辅助。社会层面通过正向宣传、资源共享来助力学校工作，进而可以消除或减少不必要的矛盾。

（四）家校社协同育人是助推"双减"政策实施的重要手段

2021年7月24日，中共中央办公厅、国务院办公厅印发《关于进一步减轻义务教育阶段学生作业负担和校外培训负担的意见》要求："学校教育教学质量和服务水平进一步提升，作业布置更加科学合理，学校课后服务基本满足学生需要学生学习更好回归校园。"其本质是要通过全面减轻学生和家庭的负担，从而更好地实现立德树人的目标，而这一切都离不开家校社协同。

于学校而言，"双减"的核心是要减轻学生过重的作业负担，这就需要教师优化作业结构、提升作业质量，但科学的作业设计不能仅仅依靠教师，更需要专门的教育研究机构及时为学校提供帮助，为教师提供理论、路径指导，从而使作业改革更加高效、科学。于家庭而言，由于学生的家庭作业及家长的任务减少，使家长和孩子拥有了更多的亲子时间，家长需要在教师或家庭教育指导人员的帮助下思考如何更好地利用这些时间来促进孩子的身心全面发展。于社会而言，校外培训机构要深入研究学校教育，特别是对学校教育需要做而不易落实或目前做不好的方面，既需锦上添花，更要雪中送炭。而这些都需要家校社各方深入地沟通与合作。

同时，"双减"政策也强调要构建良好教育生态。教育生态是指"对教育的产生、存在和发展起制约和调控作用的多元环境体系"，学校、社会、家庭都是其中的关键要素。要构建良好教育生态，就是要使这些要素之间产生合理的联系与作用。当前，我国由家庭、学校、社会等各方构成的教育生态系统处于较为严重的失衡状态。而家校社协同育人就是要在明确家校社三方各自角色与职责的基础上，重构家校社三方关系，形成良好的教育生态系统。

二、新时代家校社协同育人存在的问题

当下，家校社协同育人在世界各国教育改革中备受关注，越来越多的国家将其作为教育研究和学校改革的重要议题之一。我国的一些学校也积极开展家校社协同育人实践，但在实际操作中仍存在许多突出问题，导致协同育人并未

充分发挥其作用。全面了解协同育人发展的现实困境，深入分析制约其发展的桎梏，有利于我们提出应对策略，实现家校社协同共育的美好愿景。

（一）家校社协同育人内涵有待提升

首先，我国目前的家校社协同育人合作方式较为单一。英国北爱尔兰大学教授摩根依照家长参与的层次，将家校合作方式分为三类：一是低层次参与，合作方式包括访问学校、参加家长会、开放日、学生作业展览等活动，以及我国中小学校常用的家长联系簿等。二是高层次参与，合作方式包括经常性的家访、家长参与课堂教学和课外活动、帮助制作教具、为学校募捐资金等。三是正式组织参与，其主要形式包括家长教师联合会、伙伴行动小组等。①借鉴摩根的分类，不难发现我国当前的家校社协同育人合作方式多停留在第一、二层次，合作方式单一、缺乏制度保障、缺乏周密的组织规划，随意性、偶然性较强。

其次，当前合作地位不平等也是当前家校社协同育人内涵有待提升的原因之一。家庭、学校和社会是生命成长所需的三大环境，各自具有不同的教育性质和功能。为凝聚三方教育的合力，家庭、学校和社会必须在有效沟通的基础上平等协作。但在日常协同中，学校和教师拥有教育孩子的强势话语权，家庭长期处于从属地位。这种不平等的协同方式导致家长对学校的工作不理解，更无法配合。而社会对家校合作通常持观望态度，更多的是从社会约束的角度对其进行监督、评价。整体来说，当前我国家校社协同育人体系中，学校占据绝对的主导地位，家庭、社会尚处于从属地位，缺少话语权，导致合作效果不理想。

此外，当前家校社协同育人合作内容也较为单一。新时期教育目标明确指出，要培养德智体美劳全面发展的社会主义建设者和接班人。党的十八大以来，以习近平同志为核心的党中央提出要坚持五育并举，加强劳动教育和实践教育，以劳树德、以劳增智、以劳强体、以劳育美、以劳创新，实现五育融合发展，将立德树人的根本任务落到实处。②然而在实际过程中，以学校为主导的家校社协同育人内容仍然集中在促进学生的智力水平发展和养成良好的行为规范。学校与社会的合作内容一般表现为邀请司法机关开展法律等主题讲座、与青少年

---

① 爱普斯坦,乔伊丝.学校、家庭和社区合作伙伴:行动手册[M].吴重涵,薛惠娟,译.南昌:江西教育出版社,2012:101.

② 教育部课题组.深入学习习近平关于教育的重要论述[M].北京:人民出版社,2019:52,72.

实践基地开展联合培训等。这种以促进学生智育、德育发展为主要内容的家校社合作，忽略了学生在体育、美育和劳动教育方面的发展需求，远不能满足育人目标的要求。

（二）家校社协同各方缺乏育人共识

家校社协同各方缺乏育人共识主要指家校社三方在"协同主题"和"合力育人"方面未完全达成共识，在各自职责定位上存在缺位、越位、错位等情况。

其一，由于部分家长教育理念滞后，未能充分认识到家庭教育在协同育人中的重要性，也有些家庭教育的方式、内容与社会发展相脱节，因而在协同育人中存在"越位""缺位"等问题。例如，部分家长过度担心孩子成绩落后于他人，便开始盲目焦虑，让孩子在各类校外培训机构进行学习和考试。这种做法一方面弱化家长对学校教育的信任，另一方面忽视了家庭教育对孩子人格养成和心理健康的影响。

其二，在部分家校合作实践中，有些家长过度参与学校教育或对学校教育进行过度干预进而引发家校冲突，制约了家校合作高质量、可持续发展。部分学校和家长尚未达成家校社协同育人共识，学校担心家长举报，家长质疑学校教学质量，大大地影响了最终的育人效果。

其三，许多社会组织、事业单位都有支持学校教育的良好意愿，但是因为缺乏畅通的合作渠道，导致社会教育资源被搁置。目前开展的"校社合作"也停留在"一次性活动"，缺乏对资源的深度融合。

（三）家校社协同育人缺乏健全机制

由于家校社协同育人共同体牵涉到多个部门，建设完善的管理运行机制是对协同育人工作进行统筹、高效、有序、协调开展的关键。然而，当前我国家校社协同育人的机制建设仍不够健全，顶层设计和统筹协调机制的缺失导致协同育人工作"谁来管""谁牵头来协同"等问题尚未得到真正理顺[①]。

首先，沟通合作机制缺失，"各自为政"现象突出。学校家庭社会协同育人涉及面广，体系庞大，需要各主体发挥各自优势，为协同育人工作的开展提供广泛资源。然而，当前我国协同育人工作推进过程中，缺乏有效的联动沟通机

---

① 边玉芳,张馨宇.新时代我国学校家庭社会协同育人的问题与对策研究[J].中国教育学刊,2023,（2）:43.

制，存在不联不通的现象，导致多方有责，责任却难以落实的问题突出。同时，家校社之间的沟通渠道不畅通，难以开展高效合作，家庭教育、学校教育、社会教育的作用可能会被削弱，甚至被抵消。

其次，资源开放共享机制尚未形成，协同育人资源供给受阻。我国各级企事业单位、公办校外机构、公共服务单位和社会组织拥有丰富的适宜学生全面发展的教育资源。但由于缺乏明确的对接机制以及有效的平台共享机制，使得这些社会资源与学校、家庭、社区对接不畅，社会资源未能完全开放共享，进而难以有效地为协同育人工作提供优质资源供给支持。此外，已有的社会资源存在一定的功利性，缺乏公益性和便利性，学校和家庭获取受阻。

最后，缺少多元的评价机制，导致家校社协同育人动力不足。建立评价机制是实现资源合理配置、促进社会民主化的重要环节。系统的考核评价机制能为参与家校社协同育人的各教育主体提供科学指导和发展能力。一方面，当前家校社协同育人缺少目标、定位评价指标的制定。另一方面，当前家校社协同育人缺少评价结果的运用。评价不是目的，而在于以评促改，通过反思评价结果，让各主体明晰进一步的改正及发展方向，及时改变那些实效性不强、不合时宜的方式方法，从而提升家校社协同育人的实效性才有意义。

（四）家校社协同育人支持和保障不到位

当前我国家校社协同育人共同体建设及其工作开展所需的条件资源保障并不充分，尚无法为协同育人工作的开展提供良好的内、外部条件，严重制约了家校社协同育人工作的成效。

首先，学校协同育人专业支持不足。家校社协同育人共同体建设既是实践问题也是理论问题，但当前协同育人相关的基础研究严重不足，且现有的研究问题不够聚焦，对家校社协同育人共同体的关键理论、创新模式等缺乏深入系统的研究[①]。同时，在高等教育体系中没有建立家庭教育专业、形成主流二级学科，没有专业的科目作为研究和培养体系，使得高校科研机构在人才培养中缺乏对相关基本知识和技能的培养，难以为中小学校提供相关专业的支持。

其次，学校专业队伍建设不足，相关人员缺少知识和技能提升路径。由于

---

① 边玉芳,张馨宇. 新时代我国学校家庭社会协同育人的问题与对策研究[J].中国教育学刊,
2023,（2）:44.

学校是协同育人活动的"主阵地",教师成为我国学校家庭社会协同育人的主要组织者、指导者、推动者、活动资源开发者,是推进我国协同育人进程,保障协同育人工作顺利开展的重要人力资源基础[①]。然而,由于缺乏系统的职前和职后培训,教师在开展协同育人工作中遇到重重困难,协同目标分析能力、协同机制建设能力、协同情境组织能力、协同教育引导能力和协同过程沟通能力严重不足,难以满足协同育人工作需求,无法激发相关主体参与协同育人的积极性。

新时代的家校协同育人彰显出崇高的教育追求,体现了教育治理现代化的丰富内涵,也是落实立德树人根本任务的关键环节。但在实践中仍要进一步明晰家校责任,深化家校社合作,并通过加强执行管理、完善协同育人评估机制等多重路径,把家校协同育人落到实处,从而让学校、家庭、社会协同育人工作的开展变得更加顺利,最终促进家庭、学校、社会整体育人质量的提升。

---

① 袁柯曼,周欣然,攀琴.中小学教师家校合作胜任力模型研究[J].中国电化教育,2021,(6):98-104.

第三节 "智乐"理念引领，赋能家校社共育

在当今的教育环境中，学校不再是一个孤立的教育主体，而是与家庭、社会紧密相连，共同承担着培养新时代人才的重要使命。在新时代背景下，特别是在"双减"的背景下，如何校本化地落实好家校社共育工作，如何健全家校社协同育人机制，如何加强家校社协同育人的研究与实践等核心问题，已成为时代之需、现实之需、教育发展之需。

带着这样的思考，多年来我校一直致力于开展家校社共育工作，积极构建一个科学且完整的家校社共育体系。在我校看来，一个高质量、有特色的家校社共育体系的建设，要具有三大特征：一是要以国家政策为导向，落实"立德树人"的根本任务；二是要真正以服务于学生，根植学生发展核心素养，实现学生的终身发展为目的；三是要与学校文化相融合，彰显出学校的办学追求和育人主张。也就是要以学校文化引领校本化地落实家校社共育工作。为此，我校进一步理清学校文化与家校社共育的逻辑关系，并充分挖掘我校办学理念和育人目标的内涵，并以我校办学理念和育人目标为引领开展家校社共育工作，实现学校核心文化与家校社共育的深度融合。

一、理清学校文化与家校社共育的逻辑关系

文化是一所学校发展的灵魂所在。学校文化与家校社共育工作并不是独立分割的存在，而是有着密切的关系。学校文化作为学校办学工作的核心，对学生的成长和发展有着至关重要的作用。而家校社共育强调家庭、学校和社会的共同参与，旨在为学生提供更加全面的教育支持。可以说，两者相互影响，相互促进。学校文化指引着家校社共育工作的开展；家校社共育工作促进学校办学文化及育人目标的深化。为了使家校社共育工作在培英小学有效地开展，我校通过大量研究工作，进一步理清学校文化与家校社共育的逻辑关系。

（一）学校育人文化是家校社工作的核心和灵魂

学校育人文化是学校在长期的教育实践中形成的独特的价值观念、教育理

念、行为规范等方面的总和，它体现了学校的精神风貌和教育特色。家校社共育指向的是家庭、学校和社会以落实立德树人根本任务为主线，在育人过程中充分发挥以学校教育为主体、家庭教育为基础、社会教育为依托的职能，形成优势互补、协同育人的新机制和新格局。在这个过程中，学校育人文化决定了其教育方式和教育目标，也影响着家校社共育的合作模式和实施方式。

具体来说，第一，学校文化能够引领家庭、学校和社会形成共同的价值追求和育人目标，确保教育的整体性和一致性。第二，学校文化能够更好地促进家庭、社会和学校的沟通、交流和合作，形成良好的教育生态，共同促进学生核心素质的培养。第三，学校文化还能够增强家校社共育的凝聚力和向心力，使三方力量凝聚，共同应对教育中的问题和挑战。总之，一个开放、包容、创新的学校文化有助于推动家校社共育的创新发展，形成良好的家校社共育磁场，提高教育教学的实效。

（二）家校社共育工作是学校育人文化的重要载体

一所学校的育人文化不仅是停留在理论层面，更需要通过具体实践来落地生根。对于学校来说，学校的环境、课程、课堂、德育等都是落实学校文化的重要载体，家校社共育工作也是其重要一环。

通过家校社共育的合作，可以将学校的办学理念及育人目标融入家校社共育各类活动及教学工作中，不仅可以让师生及家长在活动中体验、感悟和内化，提升他们对学校文化的认同感和归属感；更使家庭和社会深入了解学校，增进彼此间的了解和信任，促进家庭、学校和社会的深度融合，共同营造良好的育人环境。同时，在良好的共育环境中，家庭和社会的需求和意见能够得到充分地表达和尊重，有助于推动学校文化的不断发展和创新。

总体来说，学校文化与家校社共育工作的逻辑关系就是相互促进、共同发展。学校育人文化是家校社工作的核心和灵魂，为家校社工作提供了方向和目标；家校社工作是学校育人文化的重要载体和实践平台，为学校文化的传承和发展提供了支持和保障。作为学校，我们在具体实践中要着眼于三件事：一是要树立正确的办学理念和育人目标，强调以学生身心成长为本，并引导家庭和社会形成共同的价值观念和育人追求；二是要加强家校社共育的实践探索，创新家校社三方合作模式和机制，形成良好的教育生态；三是要注重学校文化的建设和发展，通过营造积极向上的文化氛围，增强家校社共育的凝聚力和向心力。

二、以"智乐"办学理念引领家校社共育工作

办学理念是学校全体成员的精神向往和共同信念，指导着学校的办学方向和价值追求，也指引着家校社共育的合作模式和实施方式。我校立足时代发展与教育本质，在科学理论研究的基础上，结合本校发展需求，提出"智慧工作，快乐生活"的办学理念，这一理念为学校家校社共育工作提供了正确的导向。

（一）追溯"智慧工作，快乐生活"办学理念的思想源头

任何一种理念都不是无根之木、无源之水，其都有形成与发展的土壤及背景。我校的"智慧工作，快乐生活"的办学理念也同样如此。

一是立足社会的时代背景。随着社会的快速发展，对人才的培养提出了新的诉求，更加需要智慧型人才，人们也更加关注生命质量，追求精神满足。同时《国家中长期教育改革和发展规划纲要（2010—2020年）》也明确提出，要把育人为本作为教育工作的根本要求，把提高质量作为教育改革发展的核心任务。基于此，我校以生命发展为出发点，以立德树人为立足点，注重提升培英人的工作品质和生活质量。

二是根植教育的本质要求。教育的本质要求我们要对每一个生命充分重视，关注每个个体的未来和整个人类的未来，培养有智慧、会生活、具有快乐和幸福能力的人。为此，我校顺应教育本质的内在要求，强调发掘潜能、启迪思想、涵养心灵、以爱育爱，以教育的智慧培育人的智慧，培养有信仰、有追求、有担当、有品位、有健全人格、有灵魂的人。

三是基于科学的理论研究。我们在广泛阅读国内外教育论著的基础上，科学借鉴友善用脑理论、多元智能理论和人本主义理论，通过对科学理论的深度学习和思考，我们认为一个人的发展和价值的实现既需要智慧的品质，也需要快乐的心态，并由此提出了"智慧工作，快乐生活"的办学理念。

四是基于学校的发展需求。我校从创建以来，浓厚的部队色彩为学校积淀了深厚的革命传统和进取的精神底色。因此，我们选择在传承与发扬学校历史传统与文化积淀的基础上，更新已有的教育理念，努力营造有品位有内涵的学校文化，引导师生拥有智慧、乐观的生活态度和学习方式，满足师生对健康、快乐的生活追求。

（二）探寻"智慧工作，快乐生活"办学理念的内涵意蕴

"智慧工作，快乐生活"的办学理念是让每一个生命智慧地生活，在过程中不断生成更大的智慧，收获更多的快乐，进而享受精彩的人生历程。

"智慧工作"就是在工作和学习中应用智慧，唤醒智慧，发展智慧。"智慧"是一种状态更是一种方式。智者，知日也。知日者，知道太阳的秘密，代表掌握了自然世界的规律和法则；慧者，彗心也。彗心者，从世间万物的发展中领悟到了人生的意义和目的，从而生出了一颗清明通透的心。中华民族自古以来就是一个充满智慧力量的民族，智慧帮助我们解决问题，超越困难，战胜危机，磨砺自我，蝶化出生命的彩虹，实现自身的全面发展。这里的"工作"也不单指教师的工作和学习，更泛指学生的学习。我们希望培英师生要用智慧的方式去工作，并在工作过程中生成更多的智慧，以智慧育人，以智慧学习，促智慧发展。

"快乐生活"就是快乐地工作、快乐地学习、快乐地享受生命。陶行知曾说，生活就是教育，过什么生活便是受什么教育。我们所强调的"快乐生活"正是希望为儿童创造快乐的学校生活，从而实现快乐的学校教育。其中，"快乐"既是一种精神状态，也是生活的追求和目的。这里"快乐"不是浅层次的身体的轻松愉快，而是从精神上获得的一种深层次的幸福感、满足感、荣誉感、自豪感、尊重感、完整感。孩子的成长需要快乐的人生，快乐的人生是生命的终极目标。不管是何种身份的人，都应该生活得有质量、有尊严，具有快乐的人生。而快乐作为一种宝贵的资源，我们不能只会享用，更需要去发掘。只有保持积极的情绪体验，不断丰富的精神世界中提升生命质量，才能真正拥有快乐、享受快乐、创造快乐。这里的"生活"是指一切生命活动的总和。我们希望每一个培英人要用快乐的心态去生活，在生活过程中收获更多的快乐，从快乐中获得向更高成长目标前进的动力，最终实现从优秀到卓越的转变。

"智慧工作，快乐生活"蕴含着对师生生命整体的深切关怀和积极期待。师生要用智慧的方式去工作，并在工作过程中生成更多的智慧；师生要用快乐的心态去生活，在生活过程中收获更多的快乐。所以，"智慧工作，快乐生活"相辅相成，互为因果。

（三）明晰"智慧工作，快乐生活"办学理念的内在逻辑

"智慧工作，快乐生活"的办学理念包含了工作与生活、智慧与快乐之间的辩证关系，涵盖了学校成员要坚持的两个目标，涉及与学校息息相关的三类

群体。

体现一对辩证关系：智慧是理性的，快乐是感性的。"智慧工作，快乐生活"体现了让每个生命用理性的方法，实现最大化发展，收获情感上的快乐；同时，理性的方法就是一种智慧，通过智慧的工作与生活，生命就能在过程中收获精神上的满足，感受到工作与生活的价值与快乐。

涵盖两个生活目标："智慧工作，快乐生活"体现了每个生命要坚持两个目标，即在过程中要运用智慧并生成快乐，在结果中生成智慧并收获快乐。智慧是快乐的源泉，也是获得更多快乐的条件。每个人在工作和生活中都要善于投入自身的努力和智慧，快乐地享受整个过程。同时，追求的结果也不要局限于单纯的快乐，还应包括获得更多的智慧。

包含三类发展群体："智慧工作，快乐生活"所指的对象主要是教师、学生和家长。教师要智慧地进行教育教学工作，让自己感受到工作和生活的快乐，并把自身的智慧和快乐传授给学生，形成智慧与快乐的学习氛围；要让学生接受充满智慧与快乐的教育，掌握获取智慧与快乐的方法，智慧学习，快乐成长，为未来的幸福生活奠基。家长是学校教育的伙伴，家长朋友们要将智慧与快乐运用于家庭教育和家校合作中，感受学校智慧与快乐的文化与氛围。

三、育人目标是家校社共育工作的落脚点

育人目标是学校教育价值观的集中反映，是确保人才成长质量的前提。实现育人目标是学校一切工作的出发点和归宿。同样，落实育人目标也是家校社共育工作的落脚点。在家校社共育工作中，作为学校必须依据国家育人要求，根据学生成长规律以及学校校情，建立符合学校特点的育人目标，并与家庭、社会达成共识，为实现共同的育人目标的而携手共进，共同赋力。

（一）我校对于"培养什么样的人"的思考

教育家蔡元培在《教育独立议》中指出："教育是帮助被教育的人给他能发展自己的能力，完成他的人格，于人类文化上能尽一分子的责任，不是把被教育的人造成一种特别器具。"[①]对此，我们非常认同。学生是最具朝气且鲜活的生命，他们每一个生命是独一无二、不可替代的。在他们的内心深处暗涌着无

---

① 蔡元培.蔡元培自述[M].北京：中华书局，2015：123.

限的潜能，埋藏着丰富的宝藏。而教育的目的就在于指向这些生命的发展，深入探究生命的内涵，遵循生命的轨迹，聆听生命的旋律，通过教和育，最大限度地促进这些生命人性完善、人格健全、人生美好，从而使生命日趋走向完满的最高境界。

但在现实中，我们常为一些行为感到遗憾：虽然教育改革的步伐正在深入推进，但一些教育者在传统观念的影响下，仍然将视角只关注于成绩，关注于教学本身，而忽略了以学生为本，从而使学生为学而学，失去学习的乐趣。同样，一些家长也把对未来发展的各种"焦虑"转嫁给孩子，为了"不让孩子输在起跑线上"，忽略学生的兴趣点，忽视学生的成长需求，而是"超负荷"地让孩子游走于各种培训中，让他们成为知识的"容器"，也造成他们精神世界的空白。这些种种行为，不仅使孩子失去原本的快乐，失去内在热情，更失去对美好生活的创造力。这样也真正偏离了教育的本质。

在我校看来，教育应让每个生命快乐智慧地成长。正如叶圣陶老先生所说："教育是农业，不是工业"，每一个孩子都是一粒饱满的种子，他们有着自身的成长规律，每一个阶段都会呈现不同的成长特点。而我们不能拔苗助长，也不能大水漫灌，能做的就是要以爱和智慧为土壤，以快乐为阳光，在潜移默化中，赋予他们成长的能量，静待每一粒种子生根、发芽、开花、结果。

正是带着这样的初心和使命，我校在结合国家育人主张下，提出"培养充盈智慧、快乐的现代少年"的育人追求。我们希望，在宝贵的小学六年时光中，培英小学赋予孩子的不仅仅是知识，还有对知识的热情、对生活的向往、对成长的希望、对未来的期待，我们要唤醒学生的内在动力和生命自觉，让每个学生都能够充满快乐地生活、智慧地去学习，成长为有智慧、会生活、具有快乐和幸福能力的智乐少年。

(二) 明确"培养充盈智慧、快乐的现代少年"的育人目标

"培养充盈智慧、快乐的现代少年"这一育人目标，是我校心中对于育人的追求。在我们看来，智慧和快乐是相生相伴的，智慧指向理性的方式方法，快乐指向感性的体悟体验。我们尊重每一个鲜活灵动的生命，激活每一个生命的内在潜能和活力，不是单纯进行知识输出，授之以"鱼"，让学生被动地接受，而是强调尊重教育规律和学生身心发展规律，因材施教，为每个学生提供适合的教育，授之以"渔"，授之以"育"，使学生掌握开启知识和生活的智慧钥匙，用智慧的方法自主去探究，从而收获情感的快乐和成长的喜悦。

"健康"指向身体素质。正所谓，"文明其精神，野蛮其体魄"。健康是生命存在的根本，也是智慧的条件、快乐的标志。在我们看来，小学阶段，是学生成长的关键期，其中健康是第一指标。强健的体魄、健全的人格、良好的习惯、生存的能力以及安全的意识等都要在这一阶段进行渗透和培养。我们发现，在实际生活中，由于学生对于电子产品的过度依赖，并且他们缺少足够的锻炼，使得健康现状并不乐观，肥胖、近视、体质下降等问题日益严重。也正是基于这些问题，作为学校，我们必须以学生健康为第一要义，做学生健康成长的守护者，既要保障学生的日常安全，也要注重学生的健康，通过引导学生合理膳食、适当运动、高效学习等，让健康的身体激扬蓬勃的生命力，为智乐人生扎实根基。

"阳光"指向心理素质。有这样一句充满诗意的句子："心若向阳花自盛开，人若向暖清风徐来"，生命需要阳光，心灵更需要阳光。阳光是世界上最光明、最美好的东西，它能驱赶黑暗，温暖自己和世间万物。在现实生活中，面对困难，有些人积极乐观、热爱生活，有些人唉声叹气、怨天尤人……可以说，不同的心态决定着不同的人生状态。漫漫人生路，我们希望培英少年始终秉持着积极、乐观、阳光的心态，面对自己，悦纳自信；面对困难，乐观应对；面对困惑，主动解惑；面对他人，温暖相助；面对生活，充满热爱……正如教育家赫胥黎所说："充满着欢乐与斗争精神的人们，永远带着欢乐，欢迎雷霆与阳光"，这也正是我们赋予学生阳光心态的初心所在。

"文雅"指向外在气质。古语有云："不学礼，无以立。"小学是立德之基，基础不牢，地动山摇。其中文雅的气度是内在德性的外显，是反映一个人修养的一面镜子，也是构成一个人外在美的主要因素。我们希望从培英小学走出来的学生不是别人眼中的"熊孩子"，而是言谈文明温和，举止高雅有礼的有德少年。基于此，我校坚持德育为先，力求为孩子打好道德、精神的底子，为孩子扣好人生的第一粒扣子。我们通过文明礼仪教育、习惯养成教育等，培养学生文明之言行；通过传统文化教育、书香校园打造等，润养学生儒雅之气质，在润物无声中，引导学生讲文明、知礼仪、懂规矩，脱浮躁之气，修高雅之情，行文雅之事，使之成为"腹有诗书气自华"的风采少年。

"上进"指向内在品质。"天行健，君子以自强不息。"君子处事，应像天一样，自我力求进步，刚毅坚卓，发愤图强，不可懒惰成性。这是古人对君子的勉励。放眼当下，日新月异的新时代更需要朝气蓬勃、永葆活力的创造者，需要励志上进、勇于超越的奋斗者。面对这样的时代，我们从小就要为学生根植"上进"的种子，要发挥学生的主观能动性，不要让学生一味地做经验的传承和固守者，而要解放他们的头脑、双手、眼睛、嘴巴、空间和时间，为他们开辟更广阔的天地。

没有文化根植的行动是没有灵魂的，没有目标方向的实践是茫然的。学校要开展好家校社共育工作，离不开学校办学理念和育人目标的引领。我校以"智慧工作，快乐生活"的办学理念为指引，聚焦"培养充盈智慧、快乐的现代少年"的育人目标，积极探索学校、家庭、社会协同育人路径，致力于构建独具特色的培英小学家校社共育体系，从而汇聚三方合力，同心、同向、同行，培养健康、阳光、文雅、上进的培英学子。

第四节　同心同力，擘画家校社协同共育蓝图

小学教育是我国最基础的教育，是对儿童最初的、启蒙的教育，它关乎儿童的未来成长、关乎国家的未来发展。而在当前小学教育中最突出的问题就是家校矛盾。随着时代的快速发展，社会竞争也愈演愈烈，在这种大的时代背景下，家长及教育者的教育焦虑在时代的发展中愈发凸显，家校之间的矛盾也日渐突出。作为学校，我们要正视家校社共育的现实困境，在思想观念上进一步认识到家校共育的意义，从而认真剖析家校社矛盾之所在，探寻解决之道，使学校教育、家庭教育、社会教育形成教育合力的良好态势，更好地实现学生全面、和谐的发展。

一、聚焦现状，对家校共育工作形成全面认知

为了更加客观全面地了解学校家校社共育建设的现状，我校采用SWOT分析法（S即Strengths代表优势、W即Weaknesses代表劣势、O即Opportunities代表机会、T即Threats代表威胁），全方位了解学校家校社共育开展的优势、劣势、机遇和挑战，为学校更加科学、扎实地推进家校社共育体系建设提供基础保障。

（一）学校家校社共育工作的优势分析

为了使分析更加科学和全面，我校从宏观、中观、微观三个方面进行系统思考，从宏观视角对国家政策分析，发现党和国家对家校社共育工作高度重视；从中观视角对社会现实分析，发现家长对教育水平及学生全面发展的迫切需要；从微观视角对学校情况分析，梳理我校积累的家校社共育经验和丰富的课程。这三大优势都为我校持续推进学校家校社共育提供了强有力的支撑。

1.政策优势：党和国家对家校社共育高度重视

近几年，家校社共育备受关注。2021年7月，《关于进一步减轻义务教育阶段学生作业负担和校外培训负担的意见》中指出："发挥学校主体作用，健全保障政策，明确家校社协同责任。"[①]同年颁布的《中华人民共和国家庭教育促进

---

① 中共中央办公厅,国务院办公厅.关于进一步减轻义务教育阶段学生作业负担和校外培训负担的意见 [R/OL]. （2021-07-24）. http://www. moe. gov. cn/jyb_xxgk/moe_1777/moe_1778/202107/t20210724_546576.html.

法》明确规定："未成年人的父母或者其他监护人负责实施家庭教育，国家和社会为家庭教育提供指导、支持和服务。"①教育部等十三部门联合印发《关于健全学校家庭社会协同育人机制的意见》更是明确了学校、家庭、社会在协同育人中的各自职责定位及相互协调机制。②由此可见，党和国家对于家校社共育高度重视。在这种政策背景下，家校社共育成为家庭、学校、社会多方协同塑造学生、完善人格的必然选择，学校开展家校社共育既是时代之需，也是学校之责。

2.现实优势：学生全面发展和家长教育水平提升的需要

2016年12月12日，习近平总书记在会见第一届全国文明家庭代表时的讲话中强调："家庭是孩子的第一个课堂，父母是孩子的第一个老师。"并进一步指出："广大家庭都要重言传、重身教，教知识、育品德，身体力行，耳濡目染，帮助孩子扣好人生的第一粒扣子，迈好人生的第一个台阶。"③这些论述既深刻阐释了家庭对未成年人健康成长的重要作用，又深刻阐明了家教在孩子成长过程中的重要性。父母的言传身教、带头示范，对孩子的人格养成和心灵成长都会产生潜移默化的影响，这也就意味着新时代家校社共育不仅关注孩子的全面健康发展，还高度重视家庭中父母给孩子"上好第一堂课"的能力，重视家庭家教、家风的建设，将家庭教育能力的提升作为家校社共育的目标之一。

3.学校优势：学校积累一定的家校社共育经验和丰富的课程

在我校看来，家校社共育并非一句空洞的口号。多年前，我校就启动了家校社共育的实践探索：2016年，我校联合家庭的力量，开发出《快乐成长》和《智慧学习》两本家本课程；2017，召开了第一届家长博览会，展示家本教材的初步成果和收获；2019年召开了"夯实立德树人　深植育人特色"基于智乐办学理念下课程实践与探索研讨会；2020年推出了系列家本项目，出版了凝聚学校多年智慧成果的著作，即《智乐教育——基于小学家本课程建设的立德树人行动研究》；2021年举办了"为党育人　为国育才"的智乐教育成果交流展

---

① 中华人民共和国教育部.中华人民共和国家庭教育促进法[R/OL].（2021-10-23）. http://www.moe.gov.cn/jyb_sjzl/sjzl_zcfg/zcfg_qtxgfl/202110/t20211025_574749.html.

② 教育部等十三部门.关于健全学校家庭社会协同育人机制的意见[R/OL].（2023-01-17）. http://www.moe.gov.cn/srcsite/A06/s3325/202301/t20230119_1039746.html.

④ 习近平.论党的宣传思想工作[M].北京:中央文献出版社.2020:282-283.

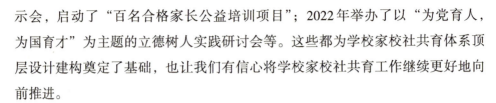

示会，启动了"百名合格家长公益培训项目"；2022年举办了以"为党育人，为国育才"为主题的立德树人实践研讨会等。这些都为学校家校社共育体系顶层设计建构奠定了基础，也让我们有信心将学校家校社共育工作继续更好地向前推进。

（二）学校家校社共育工作的劣势分析

客观且正确地正视自身不足，才能找到优化和突破的方向。我校结合多年来的学校家校社共育的经验，深入总结和审视家校社共育工作，发现存在着"学校与家庭权责边界不明""学校家校社共育体系有待完善"等不足之处。主要体现为以下几个方面：

1.劣势一：学校与家庭权责边界不明

家庭和学校的合作是一个循序渐进的过程，保证合作长期有效、有序，就必须明确好双方的权责。我校自开展家校社共育的实践探索以来就积极地与家庭展开合作，但总体上学校掌握较多的主动权，家长相对处于被动地位，没有明确家校合作双方的责任划分，学校对家庭更多的是进行一些宏观指导。这就导致学校和家庭双方权责不清，在教育责任与义务存在真空地带、重叠地带，没有充分发挥家长的主观能动性。因此，从整体上来看，深度的家校合作还需学校和家庭共同努力。

2.劣势二：学校家校社共育体系有待完善

自2016年以来，我校在国家政策引导下一直致力于开展家校社共育。以落实立德树人为根本任务，结合我校的"智乐"教育特色，立足于学生的健康成长和家庭教育水平提升的需求，开发了丰富多彩的家本项目、家长学校和家长实践等系列课程。但目前家校社共育体系内容较为分散，多呈零散化、碎片化的状态，缺少系统性、整体性的顶层建构与设计，缺少明确的家校社共育目标、家校社共育理念和家校社共育的实施策略与评价方式方法等。

（三）学校家校社共育工作的机会分析

随着党和国家对家校社共育高度重视、家庭和社会对于家校共育认知观念的提升以及学生成长的迫切需求等因素，为学校开展家校社共育工作提供了更多机会和平台。在这种新形势下，不仅有利于我们学校育人特色的打造，更有助于学校办学品质的提升。

1.机会一：有利于学校育人特色的凝练

家校社共育作为一个尚未成熟、内涵仍在深化发展的教育体系，需要各方统筹兼顾，将经验不断推广，树立合作共赢的协同育人理念。这对于我校来说既是机遇也是挑战。我校将利用国家大力提倡开展家校社协同育人的契机，以家校社共育为着力点，结合我校"智乐教育"，积极探索构建具有学校特色的家校社共育体系，积极开发家校社共育的新内容、创新家校社协同育人实践路径，打造区域家校社共育特色范例，从而提升学校综合影响力。

2.机会二：助力学校办学品质的提升

新时代下的家校社共育要求学校充分发挥协同育人主导作用，加强家庭教育指导，把统筹用好各类社会资源作为强化实践育人的重要途径。在校本化的家校社共育体系建设中，学校通过调动家长和社会资源，强化家校社共育建设能力，能有效地带动学校课程领域、教师队伍、评价管理等方面的改革创新，激发学校的发展潜力，从而深化学校内涵建设，协同家庭和社会力量，实现全面育人。

（四）学校家校社共育工作的威胁分析

任何一项改革都不是轻松应对的，而是会面临着来自各个方面且不同程度的阻碍。为此，在分析优势、劣势和机遇的基础上，我校也对基于"智乐教育"下学校家校社共育的威胁因素进行分析，发现可能存在两个威胁：一是传统教育观念的影响，二是家校社共育形式化的局限性，但我们坚信，只要真真切切地推进和落实，终会克服困难，有所收获。

1.威胁一：传统教育观念的影响

在素质教育发展的今天，极小部分家长的传统观念还未改变，片面地将"焦点"放在学生的"学业水平"上，仅仅关注孩子掌握了多少知识、能够考多少分、是否可以考上更加理想的学校。这一"唯分数论"的思想，根深蒂固地深埋在家长和教师的心中，成为衡量一所学校是否合格、一名学生是否优秀的唯一标准。这就导致家校社协同育人行动极易被禁锢于"冰冷的分数"中，单一化孩子的成绩交流，不利于学生的全面健康发展。

2.威胁二：家校社共育形式化的威胁

新时代的家校社共育强调家校社协同育人，家长要在学校教育中扮演重要角色。但在实际中，往往缺少长效运行的管理机制，没有规定明确的权责、义务，没有建立长效的运行机制，在实施过程中容易流于形式。在家校社互动的方式上，很多家校社共育的活动忽略了父母的需求和资源，父母只是配合学校，真正的参与度并不高。还有些父母虽然有很强烈的参与意识，但参与行动却不高。因此，新时代的家校社共育杜绝形式主义，就必须把家校社共育做实、做精、做透，让家长和社会真正参与进来。

二、精准定位，确立"智乐教育"下家校社共育建设思路

2023年，教育部等十三部门发布《关于健全学校家庭社会协同育人机制的意见》纲领性文件对学校、家庭、社会做了明确定位，提出："学校充分发挥协同育人主导作用，家长切实履行家庭教育主体责任，社会有效支持服务全面育人。"[①]由此可见，学校作为教育教学的"圆心"，打造家校社协同育人共同体，形成学校家庭社会协同育人新生态是学校的职责和使命。

基于此，我校在家校社协同育人政策的引领下，结合学校家校社共育建设开展现状分析，确立了基于"智乐教育"下的家校社共育体系总体建设思路，强调以系统建构思维进行顶层建设，以学校的"智乐"教育为核心，以"培养充盈智慧、快乐的现代少年"的育人目标为方向，以学生身心成长为根本，校本化开展家校社共育工作，明确我校开展家校社共育的依据，确立三方开展家校社共育的理念和目标，总结和梳理学校的开展家校社共育工作的内容，理清学校开展家校社共育的实施路径，建立家校社共育工作的系列评价，从而形成一个由依据、理念、目标、内容、实施和评价等要素组成的完整的、科学的、独特的培英小学家校社共育体系。

那么，如何构建培英小学家校社共育体系呢？我们主要着眼于四项重点工作。

第一项工作是价值引领，明确"智乐教育"下学校家校社共育的前行方向，也就是从价值观和理念文化上做到同频共振。第一，追根溯源，探寻我校家校社共育的依据。正所谓："持之有故，言之成理。"家校社共育建设是理论与实践相结合的系统工程，不能纸上谈兵、任意而为。我校要从国家政策要求、学

---

① 教育部等十三部门.关于健全学校家庭社会协同育人机制的意见[R/OL].(2023-01-17). http://www.moe.gov.cn/srcsite/A06/s3325/202301/t20230119_1039746.html.

校文化理念、学生全面健康发展三个维度出发，明确家校社共育的依据。第二，提炼家校社共育的理念，使三方达到理念同频。我们常说，"思想引领方向"，我校在深入解读并贯彻党和国家发布的"明确学校家庭社会协同育人责任，切实增强育人合力，共同担负起学生成长成才的重要责任"这一家校社协同共育要求的同时，结合我校"智乐教育"及"培养健康、阳光、文雅、上进的学生"的育人目标，凝练出我校对于家校社共育建设的思考，并将这种理念渗透到家庭和社会中，形成共同的认知。第三，设置家校社共育的目标，实现目标同向。目标是行动的出发点也是落脚点。我校将基于"智乐教育"和办学理念，以学校育人目标为出发点，对标育人目标，从"助力家庭教育，护航学生成长"出发制定家校社共育的目标，在目标导向下开展家校社共育行动。

第二项工作是内容优化，开展"智乐教育"下学校家校社共育的内容建设，也就是从内容上进行总结梳理。我校强调以课程和活动为载体，丰富家校社共育的内容。在"智乐教育"理念引领下，我校构建契合培英小学"智乐"文化特色的家校社课程体系，包括根据学生成长需求，开设的家本课程、家社课程、校社课程等；针对家长发展需求，开设的家长培训课程、家长活动课程等，从而通过丰富多彩的课程和活动，促进家庭、学校、社会的深度合作。

第三项工作是具体实践，探寻"智乐教育"下学校家校社共育的实施路径。也就是从具体工作中进行实践和探索。实施是推进家校社协同育人体系落地的重要环节。为了使"智乐"家校社共育工作有序、高效地开展，积极推进家校社共育的开展，探索具有学校特色的实施路径，我校将从制度、流程、机制建设等方面进行整体建设，一是从学生、家庭、教师、学校、社会五个维度出发，打造培英小学家校社共育实施模型。二是机制同建，完善长效的家校社保障机制以及协同育人队伍的建设等，力求做到家校社协同育人严落实、有成效、有特色，从而更好地促进家校社协同育人在学校的落地生根，实现育人目标的达成。

第四项工作是以评价为抓手，促进家校社共育工作的不断优化和深化。"有什么样的评价指挥棒，就有什么样的办学导向。"评价事关家校社共育实施的真实效果。我校将基于学校办学理念和育人目标，强调设置多位评价主体，创新多样评价方式，创设多维评价内容，完善家校社共育评价。

教育若要实现立德树人根本任务，离不开家校社协同共育。作为学校一方，我们要发挥主导地位，既要与家庭、社会形成共识，构建家校社共同育人的大格局；又要加强组织建设，健全家校社共同育人的工作机制；还要搭建合作平台，创新开展家校社共同育人的活动……我校也将不断推进学校家庭社会协同育人新实践，密切地进行家校沟通，创新协同合作方式，合力为学生创造更有利于成长的育人环境。

第二章

立标·明确"智乐教育"下学校家校社共育的前行方向

本章主要讲述我们在开展家校社一体化协同育人实践研究前，对"智乐教育"下家校社共育的前行方向形成的统一认识。我们立足新时代党和国家颁布的一系列家校社共育的政策文件，从家庭、学校、社会三方的不同职能出发，梳理分析家校社协同共育的现实逻辑，形成家校社协同育人的一致思考，明确家校社合作育人的统一目标，从而为学校后续的家校社共育体系搭建与实践研究立标定向。

第一节　追根溯源，学校家校社协同共育的内在逻辑

当前，我国教育已经步入了合作共育的新时代。在我国教育大发展、大变革的当下，在我国推进教育现代化、建设高质量教育体系的新形势下，"家校社协同共育"得到了全社会层面的高度重视与关注，被提到了前所未有的高度。习近平总书记在全国教育大会上明确指出："办好教育事业，家庭、学校、政府、社会都有责任。"这就要求我们每一所学校都要做好家校社协同共育工作，加强与家庭、与社会的相互沟通、密切合作、协调行动，以良好的学校环境、家庭氛围、社会风气落实立德树人根本任务，帮助学生全面而健康地成长，努力培养他们成为全面建设社会主义现代化国家的有用之才、栋梁之材。

为此，我校高度重视家校社合作工作，在工作过程中有意识反思、总结有关协同共育的优秀经验，在实际经验的不断累积下，按照学校顶层设计启动了家校社协同共育的实践探索，理清学校家校社协同共育的逻辑脉络，从时代和国家政策的要求、学校的文化理念以及学生的全面健康发展等视角来审视家校社协同共育建设，致力于将学校教育与家庭教育、社会教育相结合，着力创设学校、家庭、社会三位一体协同育人的教育新生态，为新时代下家校社携手育人的有效实施提供了参考。

图2-1　学校家校社共育体系建设

一、以党和国家的教育政策为导向，立足立德树人根本任务

党和国家对于家校社共育的政策主张既是宏观的指引，更是每一所学校开展家校社共育工作的根本方向。也因此，每一所学校的家校社共育建设必须要以国家教育政策要求为导向，立足立德树人根本任务，在加快建设教育强国的新征程中培养担当民族复兴大任的时代新人。为此，我校认真学习并贯彻落实党和国家出台的家校社共育相关政策文件。其中：

2010年2月8日，为了深入贯彻落实《中共中央国务院关于进一步加强和改进未成年人思想道德建设的若干意见》和全国未成年人思想道德建设经验交流会议精神，进一步加强家庭教育理论体系建设，规范家庭教育指导内容和要求，提高家庭教育的科学性、针对性、实效性，全国妇联与教育部、中央文明办、民政部、卫生部、国家人口计生委、中国关工委联合印发《全国家庭教育指导大纲》。按照年龄段划分家庭教育的指导内容，规范家庭教育指导行为，是全国各级各类家庭教育指导服务机构和家庭教育指导者开展家庭教育指导的重要依据。

2011年1月27日，为深入贯彻落实《中共中央国务院关于进一步加强和改进未成年人思想道德建设的若干意见》和《国家中长期教育改革和发展规划纲要（2010—2020年）》精神，进一步加强对家长学校规范管理，保障家长和学校工作有效开展，全国妇联、教育部、中央文明办就进一步加强家长学校工作颁布《关于进一步加强家长学校工作的指导意见》，高度肯定了家庭教育的重要性，明确了家长学校的性质，指出了家长学校的主要任务。

2012年2月17日，为贯彻落实《国家中长期教育改革和发展规划纲要（2010—2020年）》，推进现代学校制度建设，完善中小学幼儿园管理制度，中华人民共和国教育部颁布《关于建立中小学幼儿园家长委员会的指导意见》。进一步明确规定了家长委员会的基本职责以及如何发挥其积极作用等内容，是第一部专门针对家校合作共育制度化建设的文件。

2015年10月16日，为深入贯彻党的十八大和十八届三中、四中全会精神以及习近平总书记系列重要讲话精神，落实教育规划纲要，积极发挥家庭教育在少年儿童成长过程中的重要作用，促进学生健康成长和全面发展，中华人民共和国教育部颁布《关于加强家庭教育工作的指导意见》。明确了家长、学校在

家庭教育工作中的作用、职责，明确了家校合作共育的主要方式和渠道，是学校开展家校合作共育工作的纲领性文件。

2016年6月，为加快实现教育规划纲要关于基本形成学习型社会的目标，服务全面建成小康社会的战略要求，就进一步推进社区教育发展，教育部等九部颁布《关于进一步推进社区教育发展的意见》，以下简称《意见》。《意见》指出："推动实现社区教育与学校教育有效衔接和良性互动……开展校外教育及社会实践活动，为青少年健康成长提供良好的社区教育环境"。其后，在第32个教师节来临之际，习近平总书记专程来到北京市八一学校，就全面贯彻落实党的教育方针、努力办好基础教育、加强教师队伍建设发表重要讲话，指出："要多方协调形成教育合力。推动形成政府主导、部门协作、学校组织、家长参与、社会支持的教育工作格局。"

2017年，教育部印发《义务教育学校管理标准》，提出要"拓宽师生、家长和社会参与学校治理的渠道，建立健全学校民主管理制度，构建和谐的学校、家庭、社区合作关系，推动学校可持续发展"。同年，教育部印发《中小学德育工作指南》，六大育人途径明确提出"协同育人"。

2019年5月15日，为深入贯彻落实习近平总书记的重要指示精神，适应新时代家庭教育发展的新需求，全国妇联、教育部等九部门发布关于印发《全国家庭教育指导大纲（修订）》的通知。修订后的《大纲》增加了家庭道德教育相关内容，根据时代特征增加了父辈、祖辈联合教养指导，多子女养育及互联网时代的家庭媒介教育等内容。同年7月8日，中共中央、国务院印发《关于深化教育教学改革全面提高义务教育质量的意见》，要求"充分发挥学校主导作用，密切家校联系"。

2021年，国家"双减"新政实施，明确"完善家校社协同机制"，提出进一步明晰家校育人责任，密切家校沟通，创新协同方式，推进协同育人共同体建设。同年10月23日，第十三届全国人民代表大会常务委员会第三十一次会议通过《中华人民共和国家庭教育促进法》。本次立法，把家庭教育放在法律高度层面，对家庭教育里监护人的职责作了明确和具体的规定，也对各方如何进行家庭教育工作做出了具体规定，使家庭教育的实施有法可依，有章可循。

2022年1月1日，《中华人民共和国家庭教育促进法》正式实施，要求"家庭教育、学校教育、社会教育紧密结合、协调一致"。2023 年，教育部等十三部门联合印发《关于健全学校家庭社会协同育人机制的意见》，进一步指出："健全学校家庭社会协同育人机制是党中央、国务院作出的重要决策部署，事关学生全面发展健康成长，事关国家发展和民族未来。"

可见，党和国家高度重视新时代学校、家庭和社会的协同育人力量。这些政策层面的规定，共同明确了协同家庭教育和社会教育已成为新时代学校教育的重要职责，也成为落实好立德树人的基本育人方略。这些都应该在我校家校社共育建设中有所体现并将之贯彻落实、付诸行动。因此，在这样的时代背景和国家政策导向下，我校认真贯彻、落实文件精神，反复研究家庭教育和社会教育资源的特点与优势，将之融于当下的家校社协同育人建设中，以体系化建设不断引导学校走向更广阔的发展天地，优化学生的成长环境，使学校教育和家庭教育、社会教育得到更好地衔接，协同育人，合作共赢。

二、以"智乐教育"文化为内核，指导家校社协同育人方向

文化是一所学校的灵魂，是学校办学思想、智慧和精神的浓缩与升华。学校文化如水，浸润无声，连接着一所学校的过去、现在和未来，以独特气韵吸引外在价值认同，以师生发展创生内在价值诉求。办学文化作为学校教育和家庭教育中联结的"岛链"，能够结束学校、家庭、社会教育互不干涉的"孤岛"状态，是在教育中实现协同育人的重要路径。

因此，一所学校家校社共育体系的搭建不能任意为之，家校社共育体系建设不仅要体现党和国家的教育主张，还应表达出学校自身对于教育本质的思考，体现学校秉承的文化理念、对于教育育人的思索及办学思想文化的执着追求，只有这样，才能赋予家校社育人以灵魂和指导，才能更好地实现家庭教育、学校教育与社会教育的互为补充、强力黏合，最终凝结形成家校社育人合力。

多年以来，我校始终秉承"智慧工作，快乐生活"的办学理念和"培养充盈智慧、快乐的现代少年"的育人目标，融理念文化于学校各项教育育人活动之中，不断促进"智乐"理念的落地，使外界从内心深处形成对学校的文化认同，并自觉向学校靠拢，以"智慧学习，快乐成长"作为在培育孩子方面的共同价值取向和行为指南。

基于这样的认识，我校在"智乐教育"办学文化的引领下，始终将贯彻、

落实"智乐"理念，以"智慧工作，快乐生活"为办学理念，以"培养充盈智慧、快乐的现代少年"为育人目标，始终坚守自己的"智乐教育"文化底色，将育人目标有机融入体系建设之中，形成对家校社共育体系建设的总领与指导。在家校社共育体系建设的过程中，我校将不断提升家庭教育的能力与水平，帮助学生理解和扮演好孩子、好学生和好公民三重角色，让学生与家长真正拥有一颗智慧和快乐的心，享受智慧与快乐的人生。

三、以人的发展为根本指向，聚焦学生全面发展、健康成长

哲学家卡尔·雅斯贝尔斯曾说过："教育就是一棵树摇动一棵树，一朵云推动一朵云，一个灵魂唤醒另一个灵魂。"在他看来，只有"人的回归才是教育改革真正条件"。教育的目的从来不是培养职业的技能、生存的技能，不是培养某一方面的知识、技能的人，而是唤醒和激活人的潜能，提高生命的质量，让人拥有幸福生活的能力。

家校社协同育人亦是如此。无论是学校教育的直接教化，还是家庭教育的潜移默化，抑或是社会教育的指引导向，其根本目的都在育人，都指向人的德智体美劳全面发展。也因此，在推动家校社协同育人建设之时，我们要明确其出发点是人，其落脚点也必须要回归于人，要真正聚焦学生综合素养的提升、聚焦学生的全面而健康的成长，使家校社协同育人体系成为一种立足需求、彰显特色、关怀现实、承认差异的多元动态系统。

基于这样的思考，从这一维度出发，我校家校社共育体系建设依据的提出还基于学生的全面而健康发展，强调以人的发展为根本指向，将人的全面发展作为家校社共育顶层设计的重要追求。因此，我校在家校社共育体系建设中，始终尊重学生的身心发展规律、兴趣意愿和成长需要，强调对学生品德的培养和人格的塑造，重视培养学生适应未来社会发展的必备品格和关键能力，引导学生回归真实的生活情境，注重生命个体的生存与生活体验，促进知识与实际生活的联系，把自律、利他和向善的种子植入学生的心灵深处，使学生既知独善其身，也知相善其群。

学生的成长连着家庭和学校，是家庭、学校乃至社会的共同责任。家庭是人发育、成长、生存的首要基地，学校是传承文化、培养人才的主要平台，社会是人谋生发展、相互交往的基本环境，三者构成促进人的全面发展的基础链

环。为了真正撬动家庭教育和社会教育的力量，让家校社的教育不断层、不脱节，我校在建构家校社协同育人体系过程中，坚持以党和国家的教育政策为导向，立足立德树人根本任务；坚持以"智乐教育"文化为内核，指导家校社协同育人方向；坚持以人的发展为根本指向，聚焦学生全面发展、健康成长，以此形成我校家校社协同共育的建构依据和逻辑理路，为后面共育体系的科学搭建与系统实施做好理论支持与铺垫。

第二节　理念同频，家校社携手助力学生未来

面对新时代对教育的高要求、新形势，如何做好家校社协同育人工作？最基础、最重要的就是要凝练家校社共育理念，达成共育共识。要知道，理念是家校社共育建设的核心与灵魂，它蕴含于家校社共育体系中，指导家校社共育目标的建立，时时处处体现在家校社共育的内容与实践。

为此，我校在文喆先生①的家庭教育观的持续影响下，基于"智慧工作，快乐生活"办学理念的引领，融入我们对新时期家校社共育体系建设的思考，提炼出"协同家校社合力，共育智乐英才"的家校社共育理念，并对其进行深度解读，力求通过协同育人，让家庭教育、社会教育和学校教育一脉相承，构筑出统一思想价值体系下的家校社协同育人新样态，共同为促进孩子未来的生长发展提供坚实的力量。

一、遇见：文喆先生的家庭教育观

自2021年以来，文喆先生来校进行家庭教育的相关指导并开展了一系列讲座，从此与我校结下了不解之缘，其对家庭教育的理解与探讨，与我校的家庭教育观不谋而合。梳理文喆先生的家庭教育思想，对学校如何开展好家庭教育指导工作、家长如何做好家庭教育给予思想启迪，进而指导、帮助我们建立家校社共育理念，对学校后续开展家庭教育工作有着十分重要的意义。

（一）家庭："我们如何做父母？"

"一切设施都应以孩子为本位"，这是文喆先生家庭教育的中心指导思想。鲁迅先生的《坟》中有言："所以觉醒的人，此后应将这天性的爱，就是对子女

---

① 文喆,祖籍江西省萍乡市,原北京师范学院中文系毕业。曾任中小学教师,语文教研组组长,教导处副主任,副校长,校长。职称为中学语文高级教师,研究员。1989年起曾先后任北京市教育局副局长、北京市教委专职委员兼北京教科院副院长。长期从事基础教育教学及研究、管理工作,有《门里门外谈教育》《基础教育政策与课程教学改革》等著作。曾任北京市人大代表、市人大常委,全国政协委员、政协科教文卫体委员会委员,中国教育学会学术委员会副主任,北师大兼职教授等。

的爱，更加扩张，更加醇化，用无我的爱，自己牺牲于后起新人。开宗第一，便是理解。第二，便是指导。第三，便是解放。"鲁迅先生在这段话中提出的三点要求，便是文喆先生就"家庭教育"所认为的"做父母的三点责任"，即理解、指导与解放。

关于理解，其核心就是要认识到儿童与成人有区别，不能用成人的眼光看待儿童，不能简单用成人的标准要求儿童。这就要求家长首先要给予儿童说谎的权利。根据国际上的普遍的一个心理学调查，几乎所有的孩子小时候都说过谎，说谎的原因，一是在平时观察生活中，孩子分不清现实世界和想象的世界；二是出于对自己的保护而说谎。所以作为家长，我们要理解儿童的想法，引导儿童还原真实的情境。其次，要给予儿童犯错误的权利，没有人从正确走向正确，要引导儿童从错误处学起，不担心儿童犯错，也不太过于在意儿童的错误。

关于指导，鲁迅在《我们现在怎样做父亲》中言："时势既有改变，生活也必须进化；所以后起的人物，一定尤异于前，决不能用同一模型，无理嵌定。"时代在变化，儿童的家庭生活和家长不同，所以绝不能用同一模型，不能按照家长的成长经历去要求孩子，不能逼迫孩子在固定的模型中生长。所以，在指导时，首先要有明确的目标定位，第一是养成他们有耐劳作的体力；第二是培养其纯洁高尚的道德；第三是培养其容纳新潮流的精神，有着不断学习的、不断开放的态度，广博而自由。其次要有基本的行为准则，即家长要做孩子成长发展的指导者、协商者，而不做命令者，将生活中的"不能、不许、不成、必须"改为"你可以、你觉得、你认为、试一试"。最后，指导孩子开展阅读，在阅读中才能逐渐开阔儿童的视野，学会接受管理，学会集体生活，学会承担责任。

关于解放，子女是即我非我的人。即我，即他是我们家长的孩子，有"我"的基因在，是"我"的一个生命延续；非我，即他不是"我"，有他自己独立面对生活的前景，他必须自己解决自己的问题，所以要解放。包括解放儿童的基本要求，就是要培养自立的人，这包括儿童生活中的自立、学习上的自学以及犯错误时纠正错误的能力；解放儿童的基本目标，就是要引导他们在选择中学会选择，在尝试中学会负责，在参与中发展自我；解放儿童的具体方式，就是要实践，最终引导孩子能够自己的事情自己做，他人的事情帮助做，大家的事情一起做，能够广博自由，有着不断学习的、不断开放的态度，从来不限制自己，而是不断地去迎接新潮流，最终培养他们成为独立的个体。

（二）学校："我们如何做老师？"

当今世界，我们不光要站在教师的立场、学校的立场上看教育，更要站在家长的立场、社会的立场上看教育。著名教育家叶圣陶先生在抗战时期写过一篇文章即"如果我当教师"，在这篇文章中，包含了叶圣陶先生对小学、中学、大学教师的基本理解，这篇文章深深影响着文喆先生。文喆先生从叶圣陶"养成良好习惯"的现代教育思想出发，探讨了学校教育在促进家庭教育中的重要性，并指出学校教育的根本责任，一是要真心地做学生的朋友，二是要培养学生良好的习惯。

真心地做学生的朋友，就是要教师站在朋友的角度倾听学生的想法，帮助他们解决困难，与他们分享生活，用平等的眼光看待他们。为此，教师首先要有自觉的态度和情感，平等地对待、尊重与爱护每一位学生，这是双方关系最基本的定位。此外，教师还要做家长的朋友，与家长以朋友的视角共同探讨学生的教育、生活问题，以朋友的方式，站在教育者的角度给家长提出专业性的思考与建议，只有这样，才能更好地实现家校共育促进学生成长与发展的目标。

养成学生良好的习惯，就是引导学生自觉地、持之以恒地在学习和实践中，将"现代人"或"社会主义社会成员"应有的正确价值取向、人生态度和行为方式转化为自己的习惯，终身受用，并使他人和社会受益。这也正是中国现代教育的本质。而这必须由教师来实现，可以从四方面入手：一是养成语言的好习惯，既包括学校的文字符号，也包括家庭的语言符号，要引导学生养成良好的语言文字习惯，教会学生用科学、简洁、准确的语言说话；二是养成思考的好习惯，引导学生想起来、想出来，就是让老师少讲，让学生多想，给予学生足够的思考空间；三是养成劳动的好习惯，让学生做力所能及的事，学会尊重他人的劳动成果，让他们在劳动中养成良好的习惯，获得身心的成长和发展；四是养成向群的好习惯，抓取崇善向群的代表，使他们成为学生成长中学生群体的学习榜样，树立集体的意识和思想，养成热爱集体的好习惯。

此外，在文喆先生看来，教师专业发展动力的来源是教师持续学习和提高自身专业水平的重要因素。对于教师专业发展动力来源的探讨，不仅有助于教师更好地理解自己专业发展的需求和方向，也有助于学校和社会更好地支持和促进教师专业发展，从而更好实现家校社协同育人、促进学生成长与发展的目标。

总而言之，文喆先生对于家庭中"我们如何做父母?"和学校中"我们如何做老师?"的教育思想启发了我校的家庭教育观念。正是在他的影响下，我们提出了"理解：做学生的朋友，保护学生的好奇心""指导：把握学生特点，树立良好的行为规范""解放：给予学生充分'自由'，培养学生的自立能力"的家校社育人方向。

二、提炼：我校家校社共育理念

任何一种理念的提出都有其形成与发展的土壤及背景。家校社共育理念是家校社共育体系建设实践的先导，它的提出必须契合新时代家校社共育观、根植学校办学实际、关注学生生命成长。为此，我校根植文喆先生的家庭教育观，基于"理解：做学生的朋友，保护学生的好奇心""指导：把握学生特点，树立良好的行为规范""解放：给予学生充分'自由'，培养学生的自立能力"的思考，从落实新时代共育观、深化学校智乐文化、关注学生成长需求这三个维度出发，提出了"协同家校社合力，共育智乐英才"这一家校社共育理念。

图2-2　学校家校社共育理念提出依据

（一）落实新时代共育观：凝聚协同育人共识

新时代家校社共育观强调，"家庭教育、学校教育和社会教育共同承担育人责任"。最新发布的《关于健全学校家庭社会协同育人机制的意见》对此加以详细说明，明确指出要"增强协同育人共识，积极构建学校家庭社会协同育人新格局"，提出"坚持育人为本、坚持政府统筹、坚持协同共育、坚持问题导向"四大工作原则，尤其是"坚持协同共育"，指出要"明确学校家庭社会协同育人责任，完善工作机制，促进各展优势、密切配合、相互支持，切实增强育人合力，共同担负起学生成长成才的重要责任"。

这就要求新时代家校社协同育人必须转变教育观念，坚持科学教育观念，突破以往"学校为主，家庭为辅"的教育理念，积极调动家庭教育资源和社会教育资源，凝聚协同育人共识，积极构建学校、家庭、社会协同育人新格局。基于这样的价值导向，立足新时代共育观理论，我校将家校社共育理念首先定位为"协同家校社合力"。我们深刻认识到：教育本身是一个整体，只有家庭、学校、社会共同担负起培养人的责任，三者各施所长、协同合作，才能充分发挥出整体效应，形成巨大的教育合力，达到最佳的育人效果。

（二）深化"智乐"理念：彰显培英育人特色

一所学校，一种文化，文化让学校各美其美。家校社共育在学校的落实不能千篇一律、照本宣科，而是要符合学校本身的价值文化，体现学校的办学文化和育人主张。多年以来，我校一直坚持"智乐"理念，以"智慧工作，快乐生活"的办学理念为一切教育教学工作的原点，强调通过智乐教育的引领及实施，让培英小学的每一个生命都能智慧而快乐地成长，并在成长过程中不断生成更大的智慧，收获更多的快乐，进而享受精彩的人生历程。

在"智乐"理念的不断指引下，我校全面把握国家育人导向，明晰学校家校社共育的价值取向，秉承学校"智慧工作，快乐生活"的办学理念，结合学校"培养充盈智慧、快乐的现代少年"的育人目标，校本化地开展家校社共育工作，因地制宜，结合我校对家校社协同育人体系建设的理解，提出了"协同家校社合力，共育智乐英才"家校社共育理念。这一理念与学校"智乐"理念相辅相成，在进一步实施中让学校文化得以落地与实现，努力构筑"全员育人、全程育人、全方位育人"的智乐育人文化生态，从而彰显我校的育人特色，涵养独特的培英少年气质。

（三）关注学生发展需求：护航学生生命成长

教育本质是育人，是促进人的全面发展，是培养全面发展的人。家校社协同育人亦是如此，它强调以人为本、以生为本，在育人过程中要遵循学生的身心发展规律和成长需求，关注个体的差异性和发展性。同时，也要关注社会对现代人的培养需求，致力于将学生的自身发展与时代的发展、社会经济文化的发展有机结合起来，为每一个学生找到属于自己的成长舞台，并创造人生出彩的机会。

在这样的思考下，我们坚持认为，我校家校社共育理念的凝练还应该将育人成效作为根本标准，也因此提出了"协同家校社合力，共育智乐英才"家校社共育理念。这一理念强调要坚持以学生身心发展规律为依照，以学生的成长需求为出发点，尊重学生的差异性、发展性和未来性，关注学生德智体美劳全面发展、综合素养提升和获得终身幸福的现实发展需求。力求通过家庭、学校、社会的共育，护航学生生命成长，让每一位从培英小学走出去的孩子得以养成良好的行为习惯、萌生浓厚的学习兴趣、生成进取有为的人生态度、发展独立思考的科学精神，最大化开启学生主动发展的潜能，帮助每一个孩子更好地唤醒自己、发展自己、超越自己、成就自己。

三、解读：我校家校社共育理念

"协同家校社合力，共育智乐英才"这一家校社共育理念，是在落实新时代共育观、深化"智乐"理念、关注学生发展需求的思考下孕育而生的，它凝聚了学校、家庭和社会协同育人的共识，融入了我校"智慧工作，快乐生活"的办学理念和教育哲学观点，面向的是学生的未来可持续发展，充分体现了我们对于构建家校社共育体系的校本化理解与解读。

（一）协同家校社合力

苏联教育家瓦·阿·苏霍姆林斯基曾经说过："若只有学校而没有家庭，或只有家庭而没有学校，都不能单独地承担起塑造人的细致、复杂的任务。"也曾说过："教育的效果取决于学校和家庭的教育影响的一致性。如果没有这种一致性，那么学校的教学和教育过程就会像纸做的房子一样倒塌下来。"客观来说，当代教育无疑是学校教育、家庭教育和社会教育整体育人的系统工程，三方各有职责，相互补充，共同形成强大的合力。

协同家校社合力

家校社共育理念

共育智乐英才

指向家庭、学校、社会三者同心、同向、同行。撬动家庭与社会的广泛参与，以学校为主导，以家庭为基础，以社会为支撑，构建和谐的家校社关系。

指向家校社协同育人的效果，指向的是学校的智乐教育及育人目标，实现最佳育人效果。

图2-3　学校家校社共育理念内涵解读

因此，在我们看来，"协同家校社合力"理念就是指向家庭、学校、社会三者同心、同向、同行。作为学校，我们致力于主动打破学校与家庭、与社会的界限，撬动家庭与社会的广泛参与，以学校为主导，以家庭为基础，以社会为支撑，构建和谐的家校社关系，形成家校社协同育人的强劲合力，并将这一家校社合力发挥到最大，不仅要与各年级的家长一致行动，更要与社会各界同仁志同道合，抱有一致的育人信念，以此达到三方齐头并进的理想状态。这不仅是新时代的呼唤，也是家庭教育、学校教育以及社会教育效果最大化的最优路径。

（二）共育智乐英才

《孟子·尽心上》有言曰："得天下英才而教育之。"朱德在《感时》一诗中写道："多少英才一时见，诸君爱国应开颜。"从古至今，英才都至关重要。所谓"英才"，指的是才智杰出的人。在百年奋斗历程中，我们党和国家始终重视培养英才、团结英才、引领英才、成就英才，并提出了一系列新理念、新战略、新举措，其中就包括家校社协同育人。

北宋胡瑗《松滋县学记》："致天下之治者在于人才，成天下之才者在于教化。"作为基础教育的一所学校，我校"共育智乐英才"的理念就是紧跟党和国家的政策方向，立足"智乐"理念，在家校社协同育人的大背景下提出的。在我校看来，"共育智乐英才"指向家校社协同育人的效果，指向的是学校的智乐教育及育人目标，实现最佳育人效果。我们期待，通过家庭教育、学校教育和社会教育的通力合作，破解学校"一枝独秀"的困境，打造学校、家庭、社会协同育人的"花香满园"，让学生在校内、校外都能智慧而快乐地成长，让他们的生命充分得到舒展、张扬、绽放，最终成长为全面建设社会主义现代化国家的有用之才、栋梁之材。

理念同频，价值共识，家校社携手助力学生走向未来。在新时代背景下促进家校社协同育人内涵式变革，不仅是顺应时代需求的应有之义，也是推动教育高质量发展的必然要求。相信在文喆先生教育思想的持续引导下，在我校"协同家校社合力，共育智乐英才"这一共育理念的坚定指引下，我们终将与家庭和社会携手同行，踔厉奋发育英才，共同构筑起学校、家庭、社会"三位一体"的智慧而快乐的教育天地，培养德智体美劳全面发展的时代新人。

第三节　目标同向，构建家校社协同育人新样态

"无目标的努力，犹如在黑暗中远征。"目标是家校社共育体系建设的出发点与归宿点，它引导着学校家校社协同育人的方向与路径，不仅是一所学校协同育人前景的生动设计，亦是协同育人未来要达到的愿景期望。目标一旦确定，就能产生强大的感召力和凝聚力，可以极大地激发出家庭、学校、社会的育人热情、献身精神和创造潜力，使之同心协力，不断推动家校社朝着共同的愿景目标奋斗，贡献出自己的智慧与力量。

当然，目标的制定并非想当然的事情，这需要拥有目标管理意识，要能够依据党和国家的最新的教育方针政策，制定出适合培英小学的家校社协同育人目标，既不浮夸，又贴近教育的现实。基于此，我校在进行家校社协同育人目标的设置时，要从大处着眼，从宏观视角出发，根植党和国家发布的家校社共育相关政策，从中汲取营养，同时结合"智乐"理念和实际校情，对标育人目标，助力家庭教育，护航学生成长，提出了"落实育人目标，培养充盈智慧、快乐的现代少年；赋能家庭教育，提升家长的家庭教育能力；提升综合素养，实现学生全面而健康成长"的家校社共育目标。力求通过这三大目标的确立，引领各方同心同向，架设学校与家庭、社会协同教育的桥梁，构建出家校社协同育人新样态。

一、探寻：目标之于家校社协同育人的价值

美国耶鲁大学曾经进行过一次跨度二十年的跟踪调查。最早，这个大学的研究人员对参加调查的学生们提了一个问题："你们有目标吗？"90％的学生回答说有。研究人员又问："如果你们有了目标，那么，是否把它写下来呢？"这时，只有4％的学生回答说："写下来了。"二十年后，耶鲁大学的研究人员跟踪当年参加调查的学生们。结果发现，那些有目标并且用白纸黑字写下来的学生，无论是事业发展还是生活水平，都远远超过了另外的没有这样做的学生。他们创造的价值超过余下的96％的学生的总和。那么，那96％的学生今天在干

什么呢？研究人员调查发现：这些人忙忙碌碌，一辈子都在直接或间接地帮助那4%的人在实现他们的理想。

由此可见，有目标的人生才有方向。爱默生曾说过："一心向着自己目标前进的人，整个世界都会给他让路。"目标让我们不惧周折、不避责任、不弃坚持，让我们找到自己、认识自己、突破自己。目标之于人如此，之于学校亦是如此。对于家校社协同育人来说，其目标的确立至关重要，它不仅能明晰前进的方向，增强全校成员的认同感与凝聚力，从而凝聚内生的力量，让家庭、学校、社会集中全力，统一行动，朝着共同愿景和梦想前进；更能充分发挥出家庭教育和社会教育的优势，延展、拓宽教育空间，传播社会正能量，给予学生更好的引导、启发，以更大的学习机会与平台来实现学生生命的自觉、自由成长，进而带动学校的整体发展。

二、思索：国家对于家校社协同育人的期待

2023年，教育部等十三部门发布《关于健全学校家庭社会协同育人机制的意见》，开明宗义地讲到"健全学校家庭社会协同育人机制是党中央、国务院作出的重要决策部署，事关学生全面发展健康成长，事关国家发展和民族未来"。并提出主要目标有：到"十四五"时期末，政府对学校家庭社会协同育人工作的统筹领导更加有力，制度体系基本建立健全。学校积极主导、家庭主动尽责、社会有效支持的协同育人机制更加完善，促进学生全面发展健康成长的良好氛围更加浓厚。学校教育主阵地作用进一步强化，家庭教育指导服务更加专业；家长科学育儿观念基本树立，履行家庭教育主体责任更加到位；城乡社区家庭教育指导服务站点普遍建立，社会育人资源利用更加充分。到2035年，形成定位清晰、机制健全、联动紧密、科学高效的学校家庭社会协同育人机制。

这一目标，是国家为贯彻落实党的二十大精神、健全学校家庭社会协同育人机制的背景下提出的，给新时代学校家庭社会协同育人提出了新的努力方向和建设要求。随着这一目标的明确及提出，我们更深刻地认识到，作为学校，要充分发挥协同育人主导作用，及时沟通学生情况，加强家庭教育指导，用好社会育人资源。在不断地思考下，我们依据这宏观目标，确立了家校社共育行动的基本原则是：目标一致、地位平等、求同存异、灵活开放、彼此尊重、通

力合作、多方共赢。具体来说：

所谓目标一致，就是家庭、学校、社会要确立共同的目标，家校社共育，关键在"共"，目标在"育"，所以明确共同一致的行动方向是首当其冲要做到的事情；所谓地位平等，就是家庭、学校、社会作为育人的三方主体，在育人过程中地位始终是平等的，都肩负着各自的教育职责；所谓求同存异，就是家校社虽然各有优势、各有不足，但在教育育人过程中要找出共同点，保留不同意见，为了共同的目标而在一起齐心协力；所谓灵活开放，就是在协同育人过程中，能够接受并尊重不同的声音，采取多种多样的家校社协同育人形式；所谓彼此尊重，就是相互尊重、相互信任、相互交流、彼此成就；所谓通力合作，就是家庭、学校、社会三方齐心协力，形成教育合力，合作育人；所谓多方共赢，就是通过家校社通力合作，实现教育的最优化，关注孩子的每一个成长细节和全面发展，提升教育育人成效，取得多个层面的进步与成功。

正如苏联教育家瓦·阿·苏霍姆林斯基所认为的："教育成功的'秘诀'在于，当一个人还在少年时代的时候，就应该在宏伟的社会生活背景上给他展示整个世界、个人生活的前景。"可以说，将目标的设置放在更大背景之下考量，将党和国家对于家校社协同育人机制的目标设置作为一种宏观的指引，是我们每一所学校建设者都应该做的事情。这为我们后面家校社共育体系中校本化目标的确立明确了前景要求、指明了行动方向，从而进一步规范和推进智乐教育下家校社共育体系的系统建设。

三、确立：我校家校社协同育人的三大目标

"没有明确的目标，就没有明确的方向。"任何一个目标从来不是凭空产生的，而是建立在对文化、社会、教育、办学实际等的全盘考虑之上。我校基于党和国家关于健全学校家庭社会协同育人机制的意见，认为家校社共育目标的确立，不仅要以学校育人目标为立足点，怀有提升家庭教育水平的追求，还要始终秉承"一切为了孩子"的情怀，这样才能在目标导向下开展家校社共育行动，确保家庭、学校、社会始终在同一条育人轨道上，实现家校社共育建设的规范化、科学化发展。为此，我们从学校、家庭及学生成长三个维度出发，建立了我校家校社共育的目标。

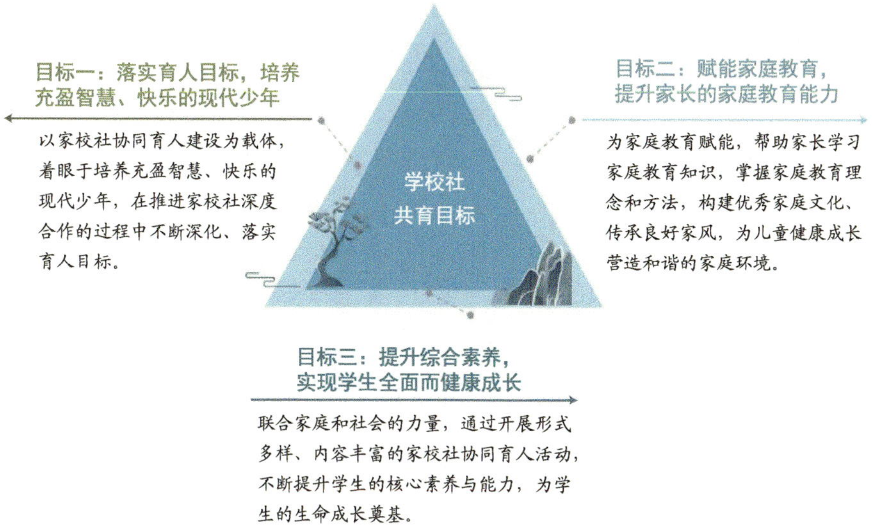

目标一：落实育人目标，培养充盈智慧、快乐的现代少年

以家校社协同育人建设为载体，着眼于培养充盈智慧、快乐的现代少年，在推进家校社深度合作的过程中不断深化、落实育人目标。

目标二：赋能家庭教育，提升家长的家庭教育能力

为家庭教育赋能，帮助家长学习家庭教育知识，掌握家庭教育理念和方法，构建优秀家庭文化、传承良好家风，为儿童健康成长营造和谐的家庭环境。

学校社共育目标

目标三：提升综合素养，实现学生全面而健康成长

联合家庭和社会的力量，通过开展形式多样、内容丰富的家校社协同育人活动，不断提升学生的核心素养与能力，为学生的生命成长奠基。

图2-4 学校家校社共育目标

（一）落实育人目标，培养充盈智慧、快乐的现代少年

育人目标决定育人方向，不仅体现与彰显着国家的育人主张，还表达着学校自身对于育人的价值追求，这是家校社协同育人的基础和前提。家校社协同育人应该始终以立德树人为根本任务，在"培养什么人、怎样培养人、为谁培养人"这一教育根本问题上形成共识，让家校社协同回归育人初心。就我校而言，一直以来，在"智乐"理念的指引下，我们坚持将"培养充盈智慧、快乐的现代少年"的育人目标作为学校开展各类教育行动的基本遵循。也因此，在家校社协同育人工作中，我们坚持将学校"培养充盈智慧、快乐的现代少年"的育人目标作为家校社共育建设的出发点和落脚点。

不同于此前家校社合作的主要目的在于配合和促进学校的德育、智育工作的情况，《关于健全学校家庭社会协同育人机制的意见》明确将"坚持育人为本"作为家校社协同育人的首要原则，强调"遵循学生成长规律和教育规律，大力发展素质教育"，这为当前家庭、学校、社会协同育人提供了根本遵循。从这一认识出发，我们以家校社协同育人建设为载体，着眼于培养充盈智慧、快乐的现代少年，在推进家校社深度合作的过程中不断深化、落实育人目标，使家校社协同育人建设符合"智乐"理念的基本定位，结合家庭实际情况，为学生提供适合智慧生发、快乐成长的家庭项目研究内容；结合家长志愿者情况，

在课后服务时间开展通识讲座，打开学生的科艺视野，让学生获得智慧、快乐成长；结合班主任教师队伍情况，通过开展家庭教育指导服务师研修活动，不断提升教师队伍家校沟通智慧和能力……力求通过富有"智慧"和"快乐"的家校社协同育人行动，将"智乐"理念内植于学生之心，外显于学生之行，为学生的未来发展精着底色，以此实现学校的"培养充盈智慧、快乐的现代少年"的育人目标。

（二）赋能家庭教育，提升家长的家庭教育能力

苏联著名教育家马卡连柯说："从最广义的教育来说，它是一个社会的过程。此中最重要的是人，在人中间，父亲母亲和老师占首要地位。"客观来说，当代教育无疑是学校教育、家庭教育和社会教育的整体育人过程。而在这个过程中，家庭作为孩子的第一生活圈，父母在教育孩子的问题上有着得天独厚的优势，这不仅体现在家长的言传身教，其一言一行、一举一动对孩子进行着潜移默化的熏陶感染；而且体现在家庭具有天然的亲情，父母因其特殊的身份和情感，对孩子会有深入、细致地了解与引导；更体现在家庭教育不受时间、地点、场合、条件的种种限制，常常"遇事而诲，遇物而教"。无论是言传身教，还是潜移默化，抑或是教育引导，都对孩子的成长有着不可轻视的影响，对其良好行为习惯、思想品德、价值观的形成、健全人格的培养等都具有基础性作用。

因此，我们坚定地认为，每一个孩子的成长不仅仅需要学校的大力培养，更需要在学校以外、家庭之内受到同步的教育浸润，以此形成完整的生命成长圈。在这一思考下，我校家校社共育体系建设在目标的设置上关注家庭教育的参与，避免家庭教育陷入"真空""失语"的状态，致力于为家庭教育赋能，帮助家长学习家庭教育知识，从父亲、母亲在家庭中的不同角色入手，引导家长更新并树立正确的教育理念，在家庭教育过程中要做到情绪稳定，给予家长科学、正确的方法指导，指导他们灵活、有方法地处理家庭教育问题。同时，夯实家长的教育职责，让家长充分认识到，家长才是第一责任人，在品德教育、劳动教育、习惯养成教育等方面，家长更有不可推卸的责任；让家长充分认识到，家庭中不仅仅是要满足孩子吃饭、穿衣的需求，更要满足孩子的归属需求和自我实现的精神需求，以此构建优秀家庭文化、传承良好家风，为儿童健康

成长营造和谐的家庭环境。

（三）提升综合素养，实现学生全面而健康成长

当今世界正处于百年未有之大变局，人类社会既充满希望，又充满挑战。随着经济和科学技术的迅猛发展、国际竞争的日益激烈，当今社会正在发生剧烈的变化。培养学生综合素养是面向未来的关键，作为学校、作为家长，我们要深入思考赋予孩子什么样的素养才能让学生更加从容不迫地面对未来的浪潮。

美国教育部于2003年提出"21世纪能力框架"，提出学生21世纪亟须的三套技能，分别是学习与创新技能、信息媒体与科技技能、生活与事业技能。学习与创新技能包括批判性思考与问题解决能力、交流与协作能力、创造与革新能力；信息媒介与科技技能包括信息识读、媒体识读、信息和交流技术识读（ICT）；生活与事业技能包括灵活性和适应性、主动性和自我把关能力、社交与跨文化技能、生产能力和绩效能力、领导力和责任感。

欧盟教育研究者协会于2006年提出了包括8项重要能力的"21世纪必备综合能力框架"，这8项能力包括母语交流的能力、外语交流的能力、数学能力与基本的科学技术能力、数字技术应用能力、学会学习、社会性与社交能力、主动性与创业精神、文化意识与文化表达，并从知识、技能和态度三个方面对每一项能力做了阐释与说明。

我国于2016年9月发布"中国学生发展核心素养"，以"全面发展的人"为核心，包括文化基础、自主发展、社会参与三个方面，综合表现为人文底蕴、科学精神、学会学习、健康生活、责任担当、实践创新等六大素养，并具体细化为18个基本要点，具体包括人文积淀、人文情怀、审美情趣、理性思维、批判质疑、勇于探究、乐学善学、勤于反思、信息意识、珍爱生命、健全人格、自我管理、社会责任、国家认同、国际理解、劳动意识、问题解决、技术应用等基本要点。

无论是美国"21世纪能力框架""欧洲21世纪必备综合能力框架"，还是"中国学生发展核心素养"，都为提升学生的综合素养提供了参考。基于此，我校在家校社共育体系建设目标的设置上，反复研究当前社会对未来人才基本素养的要求，从美国"21世纪能力框架""欧洲21世纪必备综合能力框架理论"中汲取营养，对标中国学生发展核心素养，始终围绕学生这一主体地位，联合

家庭和社会的力量，通过开展形式多样、内容丰富的家校社协同育人活动，为学生提供丰富多彩的社会实践活动及展示平台，让学生在鲜活的现实生活中发展自身个性与潜能，享有更充分的综合学习、实践探索、拓展研究的机会，面向未来，不断提升学生的核心素养与能力，为学生的生命成长奠定坚实的基础。

目标同向行，协同共奋进。"落实育人目标，培养充盈智慧、快乐的现代少年；赋能家庭教育，提升家长的家庭教育能力；提升综合素养，实现学生全面而健康成长"的家校社共育目标，让我们的家校社协同育人行动更有方向。在这一共育目标的引领和指引下，家庭、学校、社会从内心深处形成对育人的文化认同，自觉地拧成一股教育合力，并不断向学校靠拢，以三大共育目标作为在家校社协同育人方面的共同价值取向和行为指南，以此构建出家校社协同育人新样态。

第三章
构建·开展"智乐教育"下学校家校社共育的内容建设

本章主要阐述在"智乐教育"理念引领下家校社共育的内容。我们合理整合一切可能的教育资源,面向学生和家长、教师等不同群体设置课程群,以学生的健康成长为核心,以提升家庭教育的水平为重点,以赋能教师参与家庭教育指导的能力为导向,通过整体架构家校社共育课程内容,真正搭建起家庭、学校、社会三方互联的沟通桥梁,实现家庭、学校、社会的深度合作,共同绘画出世界上最美的圆。

第一节　活动同育，构建系统多维的家校社课程体系

"教育的效果取决于学校和家庭教育影响的一致性。如果没有这种一致性，那么学校的教学和教育过程就会像纸做的房子一样倒塌下来。"学生的成长离不开家庭、学校和社会三者的合作与联系。面向未来的学校教育是"无边界"的，学校必须学会整合利用各种家庭资源、社会资源，建立、健全学校家庭社会协同育人机制，协同学校、家庭、社会三方力量，引领师生走向社会大课堂，一起在真实的生活情境中，探索真实世界，解决真实世界的问题，促进学生德智体美劳五育融合、全面发展，个性化发展。

而健全学校家庭社会协同育人机制，建设课程体系是核心。如果没有课程作为抓手，家庭教育和社会教育就会以碎片化方式呈现，无法持续、深入地开展，无法收到协同育人的效果。在课程开发中，既要根据教育实践的需要，明确学生、家长、教师等不同教育实践主体的课程体系建设方向和路径，也要承认家庭、学校、社会课程的实施路径是交叉融合的，尤其是要发挥学校教育的优势，除学科教育以外，还要同步规划家庭和社会教育课程。

基于此，为了真正撬动家庭、学校、社会的教育力量，我校认真总结梳理多年来家校社共育工作取得的成效，基于学校"智慧工作，快乐生活"的办学理念和"培养健康、阳光、文雅、上进的学生"的育人目标，从帮助家庭提高教育质量入手，结合学生、家长和教师的实际诉求，以课程为突破口，构建"智乐"家校社共育课程群。

"智乐"家校社共育课程群是我校面向学生、家长和教师群体设置的课程群，以学生的健康成长为核心，以提升家庭教育的能力与水平、增强教师协调沟通与教学能力为导向。从学生主体出发，形成了"家本课程""家社课程"和"校社课程"，将课堂学习与社会实践相结合，让学生通过观察思考、实践探究、体验感悟，拓展家校社协同育人的边界；从家长主体出发，形成了"家长学校课程"和"家长活动课程"，通过专题培训和特色家长活动提升家庭教育知识与能力，增强家庭与学校的黏性；从教师主体出发，形成了家庭教育指导服务课程，以培训班的形式对教师如何介入家庭教育服务工作"支招"，提升教师的家

庭教育服务能力。从而真正实现家庭、学校、社会的深度合作，架构起家庭、学校、社会三方互联的沟通桥梁。

表3-1　"智乐"家校社共育课程内容设置表

办学理念	智慧工作,快乐生活					
育人目标	培养健康、阳光、文雅、上进的学生					
	以学生为主体			以家长为主体		以教师为主体
	家本课程	家社课程	校社课程	家长学校课程	家长活动课程	家庭教育指导服务课程
「智乐」家校社共育课程	"智慧学习"项目主题课程 "快乐成长"项目主题课程	"建党百年庆典"公益活动 "小雏鹰寻春记"春日摄影 迎冬奥,向未来——让寒假"燃"起来 家庭教育团辅活动 *动植物百科大讲堂 *糕点制作实践课 *当一次小小探究家 *探秘北京传统小吃 *走近科技你我同行	我和春天有个约会 体验剪纸艺术 探秘故宫研学旅行 "又见皮影戏,再赏非遗美"非遗实践活动 "秦岭自然生态"科学考察研学活动 走进中国人民革命军事馆 中医文化推广日 *小记者实践活动 *红领巾小卫士 *秋日祭 *野外求生指南 *太平路交通路况调查报告 *如何正确使用手机 *社区服务站的一天 *我是小小收银员	从"我们现在怎样做父亲"谈起 家风家教家训 这样辅导不焦虑 读懂情绪 家庭生活中关于"穿"的劳动教育 家庭氛围与儿童成长的关系 和谐的家师关系要有儿童立场 面对孩子在家中玩游戏怎么办？ 孩子专注力的培养 网络时代的家庭教育策略 *如何帮助孩子顺利度过小学分化年级 *孩子良好阅读习惯的培养 陪伴,是最好的教育 *如何面对孩子犯错误 *《家庭教育促进法》解读	家校联通兴趣小组 年级活动 家长合唱团 *家长开放日 *家长进课堂 *家长沙龙 *家长义工	家校携手,共同助力学生成长——聊聊照片背后的故事 《关于教师专业发展的几个问题》——从叶圣陶《如果我当教师》说起 共育视域下教师育人能力提升途径的思考——家校和合育人与卓越教师的专业成长 家庭教育的角色定位与家校沟通中的语言艺术 家庭教育指导师专业素养 构建学生、教师、家长生命成长共同体 家校共育的要求和策略 家教指导实战策略 学校教师如何参与"家庭教育指导服务"工作——对教师介入家庭教育的建议

注：黑色字体为已开设课程，标"*"课程可以作为未来"智乐"家校社共育课程开发的主题。

一、以学生为主体，建构家本课程、家社课程、校社课程

李镇西曾说："所谓生活教育，就是教会学生把书本知识转化为生活能力，把学校教育与日常生活沟通，把时代的活水引入课堂，把教育的空间扩展到社会的天地。"[①] 其中，课程是教育的载体，是培养人的基本途径。课程无处不在，凡是学生接触到的东西都是课程，都在随时随地地影响着学生。良好家校社互动活动的开展，离不开课程的支撑，尤其需要学校为教师及家长提供可操作、便于操作、能够促进学生生命成长的课程支撑。

为此，我校聚焦"智慧工作，快乐生活"的办学理念，围绕"培养健康、阳光、文雅、上进的学生"的育人目标，致力于解决好家校社协同共育"育什么人"这一问题，携手家庭和社会教育力量，从学生主体出发，将德育、智育、体育、美育、劳育进行融合，以课程为载体，设置"家本课程""家社课程""校社课程"三大家校社协同共育课程，以丰富多彩的课程润泽童心，护航学生健康成长。

（一）家本课程

家本课程是强调家长在学生成长过程中的主导作用，充分考虑家庭教育的现实情况，基于家庭教育需要而开设的课程。家本课程以学校办学理念与育人目标为逻辑起点，以项目驱动为内核，以实践体验为关键，形成"智慧学习项目""快乐成长项目"两大项目群。项目群以年级为单位进行设置，遵循学生的身心发展特点及成长规律，注重学生成长的连续性和阶梯性，如"智慧学习项目"下的"居家亲子劳动断舍离"项目就根据学生不同的年级采取循序渐进的方式设置不同的项目主题：一年级"室内亲子锻炼"，二年级"心理周活动——绘制我的自律计划卡"，三年级"家务劳动小能手"，四年级"亲子共读书会"，五年级"绘制北京疫情图"，六年级"致敬逆行者"。通过项目式学习，让学生在躬身体验、家长在陪伴指导、教师在倾心相授中激发学生的创作潜能、涵养学生的美好品质、增进家庭亲子关系，促进学生的健康成长，家庭家教家风和谐。

---

① 李镇西. 爱心与教育[M]. 成都：四川少年儿童出版社，1998：14.

（二）家社课程

家社课程是充分发挥家长的教育作用，引导学生走上社会，促进儿童更好地成长发展而设置的课程。"家社课程"的设置一方面是充分利用重大节日、社会热点事件开展特色亲子活动，让家长带领孩子到社会的大环境中去体验感受，增进亲子关系，如"'建党百年庆典'公益活动""'小雏鹰寻春记'春日摄影""迎冬奥，向未来——让寒假'燃'起来"等课程；另一方面是依托北京市丰富的传统文化与科技文化资源，家长与孩子共同走进各大博物馆，感受文化魅力，如"走进中国美术馆""博物馆奇妙之旅""当一次小小探究家""走近科技 你我同行"等课程。这些丰富的课程让家长对孩子的教育不再囿于家庭这一方小天地，而是让孩子在生活广阔的大舞台上接受生活教育、社会教育，促进了学生适应未来社会的必备品格与关键能力的习得。

（三）校社课程

校社课程是学校充分利用并调动社会教育资源，进行的有组织、有计划的集体性体验、调查研究课程。"校社课程"与综合实践活动结合，突出集体实践探究，如"我和春天有个约会""体验剪纸艺术"等课程；与研学活动结合，突出体验反思，如"探秘故宫研学旅行""'又见皮影戏，再赏非遗美'非遗实践活动""'秦岭自然生态'科学考察研学活动"等课程；与社会热点结合，突出调查研究，如"中医文化推广日""太平路交通路况调查报告""如何正确使用手机"等课程；与学校周边医院、银行、超市、企业等资源相结合，突出职业体验和角色服务，如"我是小小收银员""社区服务站的一天"等课程。通过"做""实验""探究""反思""体验"等一系列活动，让学生发展综合应用知识的能力。

二、以家长为主体，建构家长学校课程、家长活动课程

家长教育是家庭教育指导者以家庭教育主体（家长）为对象，以提高家长家庭教育胜任力为目的，以家庭教育知识、技能、情意、观念、思维和行为方式等为主要内容的教育培训活动。

《关于进一步加强家长学校工作的指导意见》指出："家长学校是宣传普及家庭教育知识，提升家长素质的重要场所，是指导推进家庭教育的主阵地和主

渠道。"①学校有针对性地建设家长学校课程，对家长进行科学有效的家庭指导，有助于提高父母的家庭教育胜任力。在我校"智慧工作，快乐生活"办学理念的引领下，我们致力于启发家长家庭教育智慧，提升家长家庭教育能力，开办了以专题培训为形式的"家长学校课程"和以特色活动为形式的"家长活动课程"。

（一）家长学校课程

家长学校课程是面向我校学生家长，从课程定位到课程目标，组织形式到课程内容、实施路径完整的专题培训课程。家长学校课程以专题培训的形式展开，每学期课程内容共有6个主题，每双周开展一次主题培训，致力于启发家长个性化家庭教育心智，赋能家长家庭教育智慧。为了更为直观地向家长展示项目培训的课程内容，明晰家长在家庭教育中遇到的难题与困惑，我校为每一位参与培训课程的家长制作了《家长学校学员手册》，通过不同主题课程的开设，收集学生家长参与家庭教育实践活动的感受与反馈，真正让家长通过家长学校课程的学习提升家庭教育能力与水平。

（二）家长活动课程

家长活动课程是融思想性、知识性、趣味性于一体，以多样的特色实践活动为主要形式，使家长和学校在活动中共同成长进步的特色活动课程。家长活动课程具有实践性、互动性强的特点，我校通过开发"家校联通""兴趣小组""年级活动""家长合唱团"等家校社共育活动课程，可以让家长广泛参与到学校教育教学管理中来，最大限度实现家庭与学校的互动、家庭与学生的互动、家庭与家庭间的同伴互动，让实践活动成为家校社共育的彩桥，为学生的健康成长构建良好的环境。

1.家校联通

家校联通采用家长信箱、学校网站、家长信、希望谷、班级群等家校交流形式。实现有效家庭沟通，是提高家校活动质量、提升家校活动品位、改变家校教育格局的关键。家校相互倾听，共同探讨问题，让家长成为方案的参与者、执行者和监督者，可以提升家校共育水平。

---

① 全国妇联、教育部、中央文明办. 关于进一步加强家长学校工作的指导意见. [EB/OL]. (2011-01-27). http://www.moe.gov.cn/jyb_xxgk/moe_1777/moe_1779/201105/t20110 516_119729.html.

2.兴趣小组

兴趣小组是指家长以"家长志愿者"的身份，走进各年级各班级承办的多种小组活动。兴趣是孩子最好的老师。为了丰富多元的课堂体验，助力学生的全面发展，我们鼓励家长发挥专业优势，并邀请来自不同领域的家长走进课堂，为学校提供各类教育资源。

3.年级活动

年级活动是指家长受邀担任年级合唱评委、学校大型活动的主持人，或走进微队课，参与道德学堂的活动。这类活动通常以年级为单位开展，家长参与的过程中，不仅可以体会到学生的真实感受，也可以获得同理心，从而更好地与孩子沟通交流，增进亲子感情。

4.家长合唱团

家长合唱团是我校为家长设计，定期开展、定期展示的具有学校特色的家校活动。我们在学校艺术特色的基础上，以组建合唱团为手段，开展的家校协同合作，并在家长开放日公开展示成果，希望家长们能在活动中，能感觉到自己是学校的一员，并以更加积极的态度参与到我校的活动与管理中。

三、以教师为主体，建构家庭教育指导服务课程

《中华人民共和国家庭教育促进法》的实施，从法律的角度明确中小学校、幼儿园应当将家庭教育指导服务纳入工作计划，作为教师业务培训的内容。通过开展家庭教育指导进行有效的家校沟通，让教师与家长建立合作共育伙伴关系，成为提升学习效果、促进孩子健康成长最重要的外部因素。

家庭教育是新时代教育体系的重要组成部分，可专业的家庭教育指导者却相当缺乏。作为与家长密切联系的教育主体，教师对家庭教育进行指导是最直接也最有效的方式。家长是家庭教育的第一责任人，而教师的任务和责任是指导家长遵循孩子身心成长规律，端正教育目的，保持合理的期待，反思调整教育行为，不断改变教育方法。在家校社合作方面，学校起主导作用，教师起指导作用。新时代的家校合作，不只学校要主导，家长也需要维护学校的教育教学秩序，共同在学生的认知发展和成绩提升上下功夫；教师通过自身在教育知识、方法、艺术上的专业性，去指导家长的家庭教育，引导孩子全方位健康成长。

在我校看来，教师从事家庭教育指导需要掌握四方面的内容，包括：亲子沟通指导的理论基础、家庭教育中存在的问题与原因、家庭教育指导的策略与方法以及采用何种指导形式。为此，我们在北京教育科学研究院德育研究中心谢春风主任、北京教育学会教师发展专业委员会理事长张景浩、秘书长马金鹤等专家团队的大力支持下，以促进教师专业发展、提升教师服务于家庭教育的能力与水平、更好地促进家校社一体化协同育人为目标，建构了家庭教育指导服务课程。

家庭教育指导服务课程是我校面向教师群体，帮助提升教师参与家庭教育服务的能力与水平，为家长提供家庭教育服务与支持，引导家长认识家庭教育的重要性，从而提升家庭教育质量的培训课程。如"家庭教育的角色定位与家校沟通中的语言艺术"一课，从"教师与家长在家庭教育中的角色定位"与"家校沟通中的语言艺术"两大主题出发，以鲜活的案例与深入浅出的道理帮助教师厘清学校和教师在整个家庭教育指导服务系统中的作用和责任边界，即家长在家庭教育中占据主体地位，教师自身充当家长指导者的角色，在与家长沟通时要指导并引领家庭成为孩子人格完善与信仰培育的奠基之地。

家校社协同育人旨在创造一个更全面的教育环境，促进学生的全面发展。这就需要家庭、学校和社会的共同努力和合作，形成双向奔赴、同心赋能的过程。未来，我们将坚定不移地沿着"智乐教育"的指引，积极整合家庭、学校和社会的优质资源，深入探索家校社共育课程建设的实践之路，构建一个更加多元化、互动性的课程群；倾力打造一个充满智慧与乐趣的教育环境，让学生在其中自由翱翔，发掘自我，实现潜能。我们相信，通过我们的不懈努力，智乐教育之花将在家校社共育的沃土上绽放出更加绚丽的光彩！

第二节 构建智乐家本课程，协同共育雏鹰少年

"天下之本在国，国之本在家。"从古至今，国与家休戚相关，国家的前途命运同家庭教育紧密相连。英国学者赫胥黎也曾说过："欲造伟大之国民，必自家庭教育始。"所以，重视家庭教育，探寻家校共育的最优路径，构建起学校和家庭"两位一体"和谐的教育体系，势在必行。

而课程作为教育思想、教育目标和教育内容的主要载体、作为发挥育人作用与实现理念落地的最佳途径，一直为我们所重视。因此，我校以课程为突破口，以家庭教育需求与实际为本，解构原有家校共育模式，实现家庭教育力量的校本化激活，创造性地提出了"家本课程"这一课程概念，并在"智慧工作，快乐生活"的办学理念引导下对其进行科学设计、系统架构，以此形成独具特色的智乐家本课程，以课程为载体，联动家校，共育生命，从而实现学生的智慧发展、快乐成长。

一、明确认识，提出智乐家本课程

育人从来不仅仅是校园围墙内的事儿，也需要家庭的深入参与。家庭是孩子的第一课堂，只有将家庭教育和学校教育有效衔接并形成相互浸染的共生体，方可促进孩子的持续成长和全面发展。而"家本课程"的提出，无疑让我们眼前一亮，它以课程为载体，为实现家校协同育人探寻出最优化的解决路径。对于这一课程，我们是这样理解的：

"家本"是相对于"生本""师本"而言，学生作为学习的主体、教育的核心，以师为本，凸显出教师是引导学生的关键人物；以家为本，彰显出家长是影响学生的必然因素。因此，所谓"家本课程"，是一种强调家长在学生成长的主导作用，站在家长的角度，充分考虑家庭教育的现实情况，基于家庭教育需要而开设的课程。

它以学生为中心和出发点，站在家长需求的角度，发挥学校教育优势开发而成，兼顾了学生、教师、家长三大主体，使得三支力量同频共振；它从家长

视角来理解教育，站在家长的角度科学化、系统化地帮助其培养孩子，是我校"以家为本"家校共育思想的展现；它以课程的方式来撬动家校合育的力量，是我校在家校合育领域中所开创的一种全新路径。

二、知晓其源，形成智乐家本课程

伴随着我们对于"家本课程"认识和理解的深入，我校在"智慧工作，快乐生活"办学理念的指引下，认真研究其理论基础，从新时代下家庭教育政策、陶行知的生活教育理论中汲取营养，借鉴智乐校本课程建设模式，并结合家庭教育的现实情况，在不断地研讨与尝试中，最终提出了独具我校文化特质的智乐家本课程。具体来说，它的形成主要是基于以下四个维度。

一是基于新时代下家庭教育的政策。2016年后习近平总书记在各大场合发表了关于家庭教育的系列讲话精神。近几年相关部门相继出台了多项有关家庭教育的法律和政策文件，如2018年印发《进一步加强中小学家庭教育指导服务工作的实施意见》，2021年发布"五项管理"规定、"双减"政策等，这些都为我们一线教育人提出了更高的要求，引导着我们进一步思考符合自身实际与发展规律的家校协同育人方式。智乐家本课程就是在这样的背景下诞生并不断发展的。

二是基于陶行知生活教育理论研究。教育家陶行知先生提倡三个基本观点："生活即教育，社会即学校，教学做合一"。教育的目的不只是为了让学生掌握知识和技能，更重要的是让他们能够拥有幸福生活的知识、技能、素质和能力，但是这些仅仅靠课堂上的传授是远远不够的，还需要来自家庭的同步浸润与培养。所以，我校提出了智乐家本课程，希望通过引导学生家长以教育主体的角色参与到教育中，教会学生运用知识对接真实的生活和社会，成为一个智慧而快乐的人。

三是基于智乐校本课程建设的启发。学校课程创新的要点应在于学校核心理念的表达，他让学校课程彰显出独特的魅力。而"智慧工作，快乐生活"是我校一直以来所秉持的办学理念，为了让理念真实落地，促成学生对理念文化的理解和认同，我校以课程形式对理念育人进行尝试与探索，研发出"智慧学习"和"快乐成长"两门校本课程。这为我校家校共育打开了新的思路。由此，我校沿着智乐校本课程建设思路和经验，围绕"智慧学习"和"快乐成长"的多个维度，形成了独具特色的智乐家本课程。

四是基于当前家庭教育实际的需要。面对当下的家庭教育实际——家长大多为受教育程度高、对教育质量需求高的"新手家长"、家庭教育场所受限、家长时间碎片化等情况，在反复调查研究的基础上，我们发现项目式学习以问题为导向，以实践为基础，让学习不再囿于课堂范围之内，在家庭也可以操作，这令我们深感惊喜。因此，我校打破原有的"家长配合学校"的常规思维，从家长的视角来审视教育，最终确定以项目课程链接家庭教育，进而研发出智乐家本课程。

三、系统设计，建设智乐家本课程

关于智乐家本课程建设，我们有很多美好的期待。在家本课程设计与构思中，我们在学校"智慧工作，快乐生活"办学理念和"培养充盈智慧、快乐的现代少年"育人目标统领下，在学校整体课程体系的框架下，坚持"科学性、多元性、先进性、主体性、合理性"原则，结合各年级学生的发展特点与成长规律，进行科学的规划与设计，力求描绘出最美的家校共育图景，与家长一道，踏出一条共同的、具有科学性和系统性的学生培育之路。

（一）基于理念，建构家本课程指标体系

办学理念是我校智乐家本课程建设的逻辑起点。为了让理念更好地与课程对接，我们在北京市教科院德育研究中心谢春风主任、海淀区教科院陈尧老师的指导下，重新梳理、定位校本课程中"智慧学习""快乐成长"的各大指标，结合学生身心发展规律、教育教学实际以及国家层面统一要求，将各类指标梯度细化，最终形成了一套完整的家本课程指标体系。

具体来说，我们进一步聚焦原有的"智慧学习""快乐成长"的六大维度，形成十二个关键词，以"兴趣""思考""专注""自主""方法""创新"作为"智慧学习"的二级目标，以"童心""律己""心态""交友""分享""感恩"作为"快乐成长"的二级目标，并将二级目标再进行梯度细化，我们根据1—6年级学生的发展差异以及各年级的不同特点，对其进行了更为细致的分解，形成每一维度下的6个阶梯目标，重新构成"智慧学习""快乐成长"下的72个更加完整、科学的指标群，让"智慧学习""快乐成长"总目标的落实有了更加明确的着力点，进而促进这一育人理念的达成。

表3-2　基于"智乐"理念下的家本课程指标体系建构表

指标 年级	智慧学习						快乐成长					
	兴趣	思考	专注	自主	方法	创新	童心	律己	心态	交友	分享	感恩
一年级	保持好奇心	勇于提问快乐多	趣味故事专心听	树立学习小小主人意识	体验小小的成功	展开大胆想象	童心系父母	文明规范我懂得	我爱自己	感受结交朋友的快乐	体会自我表达的快乐	感恩父母的养育
二年级	了解更广泛	探究意识初养成	课堂当中专心学	形成自主学习习惯	重视点点的积累	学会举一反三	童心系生活	公共场所讲文明	我爱他人	体会尊敬师长的快乐	感受与人分享的幸福	感恩师长的栽培
三年级	认知活动勇参与	简单思维多练习	家庭作业专心做	家生活自理完成	在认识的基础上记忆	温故而知"新"	童心系同学	遵纪守法意识强	我会包容	掌握待人接物的礼节	能够与同伴交流观点	感恩同伴的帮助
四年级	兴趣所在我知道	在思考中解决简单问题	自主学习不走神	社会公益自发参与	了解多种学习方法	树立学以致用意识	童心系自我	提高自我控制力	我会改变	学会处理矛盾的方法	学会倾诉内心的困惑	感恩自然的馈赠
五年级	爱好培养更深入	在思考中学会独立动脑	环境变换仍专注	学会主动制定计划	取人之长补己之短	努力做到有效探究	童心系社会	处事为人讲原则	我能接受	在宽容与尊重中收获友谊	善于倾听他人的表达	感恩社会的关怀
六年级	持久兴趣伴我行	在思考中进行科学探秘	控制情绪很静心	能够自主规划未来	灵活运用多种方法	以创新思维解决问题	童心系祖国	严于律己宽以待人	我能进取	在换位思考中理解他人	以开放的姿态与人互动	感恩祖国的富强

（二）层层递进，科学设置家本课程项目群

育人如同育树，"能顺木之天，以至其性焉尔"。在完成智乐家本课程指标体系工作后，我校考虑到不同年龄阶段学生成长的个性需求，开展了围绕指标体系落地的项目研讨工作，就"智慧学习""快乐成长"两部分共72个指标群下的不同主题内容，以年级为单位，遵循学生的身心发展特点及成长规律，注重学生成长的连续性和阶梯性，针对不同年级采取循序渐进、螺旋上升的项目育人方式，以项目驱动为内核，以实践体验为关键，着手进行不同年级家本项目的研发与实施，形成了一系列家本项目群。

表3-3 家本课程项目群表

年级 项目	"智慧学习"项目	"快乐成长"项目
一年级	项目一:保持好奇心(我是小问号、家中的科学小常识) 项目二:善于求知(认识"力"、科学家的故事) 项目三:明确目的(畅游科技馆、走进图书馆) 项目四:居家亲子劳动断舍离(制订疫情时期作息计划) 项目五:养成自主阅读习惯(5 Days阅读计划) 项目六:绿色种植(植物如此"长大") 项目七:智慧阅读,快乐一"夏"	项目一:认知标识(认识安全标志、了解交通标识) 项目二:自己的事情自己做(学习整理学具、学会洗小件衣物) 项目三:我家的邻居(认识我家的邻居、和邻居聊聊天) 项目四:居家亲子劳动断舍离(室内亲子锻炼、断舍离、心理周活动——绘制我的自律计划卡) 项目五:自觉做个环保人(我家的水果盆栽) 项目六:在DIY中寻找生活中的快乐
二年级	项目一:体验感知(走进海洋馆、蔬菜乐园) 项目二:积极探索(传统节日的由来、传统礼仪文化) 项目三:打破常规(巧分蛋糕、世界末日大猜想) 项目四:居家亲子劳动断舍离(同游网上海洋馆、创意折纸) 项目五:养成自主阅读习惯(5 Days阅读计划) 项目六:绿色种植(植物如此"长大") 项目七:诗情画意,快乐一夏	项目一:学雷锋行动(了解雷锋的故事、我为社区做贡献) 项目二:家庭小智者(宠物饲养小常识、家庭安全常识) 项目三:学会沟通(文明用语我知道、学会接打电话) 项目四:居家亲子劳动断舍离(亲子厨房、心理周活动——绘制情绪画报) 项目五:自觉做个环保人(我家的水果盆栽) 项目六:亲子运动,乐享生活
三年级	项目一:保持谦虚(我的优缺点、可敬的朋友) 项目二:坚持不懈(健身小达人、我来学书法) 项目三:善于实践(神奇小木匠、设计未来手机) 项目四:居家亲子劳动断舍离(家务劳动小能手) 项目五:养成自主阅读习惯(图书分享会) 项目六:绿色种植(我给植物量"身高") 项目七:徜徉书海 仰望星空	项目一:遵规守法(我家的规矩、了解法律常识) 项目二:公共文明(保护环境、遵守公共秩序) 项目三:生活小智慧(环保购物袋、逛超市的学问) 项目四:居家亲子劳动断舍离(快乐亲子游戏、心理周活动——接力作画) 项目五:自觉做个环保人(家庭绿植规划师) 项目六:喜迎二十大,童心送祝福

续表

年级 项目	"智慧学习"项目	"快乐成长"项目
四年级	项目一：学以致用(变废为宝) 项目二：居家亲子劳动断舍离(勤劳抗疫小能手、亲子共读书会) 项目三：养成自主阅读习惯(图书分享会) 项目四：绿色种植(我给植物量"身高") 项目五：共阅书香 陪伴成长	项目一：社交礼仪(仪表礼仪、做客礼仪) 项目二：我能管好我自己(制定家规、家庭管理评价表) 项目三：居家亲子劳动断舍离(作息规律扮靓家、心理周活动——接力作画) 项目四：自觉做个环保人(家庭绿植规划师) 项目五：献礼国庆节 喜迎二十大
五年级	项目一：体育技能(学会一种球类运动、学会一种田径运动) 项目二：自控自励(购物与计算、我当家庭CEO) 项目三：循序渐进(走入陶艺世界、快乐学茶艺) 项目四：居家亲子劳动断舍离 项目五：养成自主阅读习惯(不一样的读书笔记) 项目六：绿色种植(花语的世界) 项目七：家庭阅读手帐日记	项目一：垃圾分类(学习垃圾分类小知识、废品大变"身") 项目二：宽容他人(与父母角色互换、采访身边的"宽容"榜样) 项目三：关注弱势群体(了解身边的弱势群体、我会正确表达尊重与帮助) 项目四：健康身心(积极锻炼身体、学会减压) 项目五：参与家务(学会打扫房间、我的拿手菜) 项目六：居家亲子劳动断舍离(心理周活动——平起平坐、我的居家学习生活自律计划) 项目七：自觉做个环保人(绿色观察员) 项目八：家庭小导游，走进圆明园
六年级	项目一：竞争合作(家庭知识小竞赛、户外亲子大比拼) 项目二：合理分配(我为全家配营养餐、我当插花师) 项目三：组织策划(家庭露营、社区公益行) 项目四：居家亲子劳动断舍离(科学防疫、致敬逆行者、绘制中国地图) 项目五：养成自主阅读习惯(不一样的读书笔记) 项目六：绿色种植(花语的世界)	项目一：毕业心语(制作毕业纪念册、给老师的信) 项目二：理性爱国(走进故宫、理性面对国土纷争) 项目三：低碳生活(节约水电、绿色出行) 项目四：居家亲子劳动断舍离(学会收拾自己的卧室、分类叠放整理衣服、制作我的自律计划卡) 项目五：自觉做个环保人(绿色观察员) 项目六：迎接二十大，书写爱国情

同时，针对每一个家本项目，我们都开发了相应的指导手册，从具体的项目目标到项目内容，从实施建议到评价标准一一进行说明，为家长怎么教育孩子、培养孩子哪方面的能力和习惯等方面提供一条系统的实操路径。以"居家亲子劳动断舍离"为例：

亲子整理——让我们一起"断舍离"

所属主题：居家亲子劳动断舍离

适用年级：二年级

项目目标：

1.通过整理的过程，锻炼孩子手眼协调能力、操作能力、逻辑思维能力，培养孩子的责任心、劳动参与意识；

2.借由教导孩子整理房间，来增加亲子互动的机会，借由取舍的过程增加亲子的互相了解。

项目内容：

1.和家长一起讨论日常生活中什么东西对自己来说是重要的；

2.制定整理地点及具体方案计划；

3.和父母一起有序进行整理。

项目实施建议：

1.整理小建议：

清：清除掉不必要的物品，将已经不需要的物品清理掉。

选：在"清"的过程中，帮助孩子选择自己留下的，清除不用的。在不断引导的过程中，让孩子意识到自己所拥有的物品数量，懂得有所取舍。

分：给留下的物品进行分类。

定：重新规划物品位置，当物品都分类完成后，就要开始给这些物品找合适的"住处"。

2.要学会放手，完全让孩子自己选择，可以给出建议，但是不要硬性要求。可以准备两个箱子，一个是放暂时用不上的物品，一个放需要的物品；外加一个垃圾桶。在收纳整理的过程，和孩子进行不断的确认，引导孩子做出更恰当的选择。

3.分类建议：经常使用、偶尔使用、不用的、珍惜重视的。

4.给选择留下的每一类甚至是每一件物品找到最合适的地方，且位置一旦决定，不要随意更改。

5.我们都听说过21天习惯养成，所以整理好后要进行"维持"。物品位置一旦决定，不要随意更改，但同时也可以根据日常需要进行调换。此外，日常的客厅、厨房、书桌、书架也可以作为练手的场所，可以用来巩固、锻炼孩子的整理能力。

成长档案袋：

1.请将本项目实施过程中，亲子间共同努力的成果以照片的形式记录下来，并分享到班级群中，以便将你们的家庭智慧展示给大家。

2.记录心得：家长和孩子写下自己整理的小方法或小妙招，取舍之后留给自己的感受。

这些家本项目或发生于家庭或发生于社会，旨在让学生从小课堂中走向大世界，并在完成项目的过程中，将"快乐""智慧"的理念内化于心，外化于行。

教育应该是一扇门，推开它，满是阳光和鲜花，能给孩子带来智慧与快乐。我校智乐家本课程的开展，实现了家庭教育与学校教育的高效对接，并在学校"智·乐"教育的落地中促成了家长与孩子的共同参与、共同感悟、共同提高、共同成长，从而助力学生在"智慧"与"快乐"中健康、向上地成长。

第三节 赋能家庭教育，以家长学校课程助力未来

习近平总书记在会见第一届全国文明家庭代表时曾强调："家风是社会风气的重要组成部分。家庭不只是人们身体的住处，更是人们心灵的归宿。家风好，就能家道兴盛、和顺美满；家风差，难免殃及子孙、贻害社会，正所谓'积善之家，必有余庆；积不善之家，必有余殃'。"时至今日，家庭教育的重要性已经成为整个社会的共识，办好教育事业，家庭、学校、政府、社会都有责任。

作为家校社协同共育的核心力量，我校立足以往家校合作的经验和坚实基础，联合北京教育科学院德育研究中心，积极办好家长学校，明确家长学校课程的基本定位，以"促进学生身心健康成长，为党育人为国育才"为宗旨，精心设计课程内容，面向家长普及儿童教育理念，帮助家长解决家庭教育中的困惑，赋能家长职业素养，促使家庭教育更好地成为学校教育和社会教育的基础和纽带，促进孩子的健康成长和全面发展。

一、学校创办家长学校的重要意义

家长学校的产生不仅是家庭的需要、社会发展的价值追求，也是学校的需求。家长学校"培养"的对象是家长，而教育的最终目的是培养学生，可以说家长学校是促进学生成长的"催化剂"。

（一）家长学校有利于规范家庭教育

中华民族不仅有悠久的文明史和丰富的民族文化，也有包括家庭美德、社会公德和职业道德在内的公民道德。在家庭教育方面出现过许许多多成功的典型，也形成了许许多多被后人学习借鉴的家庭教育经验。《三字经》《弟子规》，在历史的长河中，折射出无数成功家教的浪花：孟母三迁，为孩子选择一个良好的成长环境；岳母刺字，教育儿子"精忠报国"等。这些育子故事，被后人代代相传，视为榜样。然而，随着时间的推移和人类社会的不断向前发展，人的思想观念无可避免地发生着变化。新时期的新一代已经和他们的父辈有所不

同，与他们的祖辈差异更大。几百年乃至几千年前的育子经验应用到今天，未必能奏效。这个道理是显而易见的。而事实上，在现实生活中，许多人还在照搬一些陈旧的观念，比如"棍棒出孝子""不打不成器"，常常使家庭教育脱离了正确的轨道而步入了误区。很多家长因此产生了困惑：究竟该怎样教育孩子？常常陷入一片茫然的境地。

在这种情况下，开办家长学校，通过家长学校向家长系统传授科学的家庭教育思想和方法，无疑能够使家庭教育走出误区，为家庭教育开辟一片绿洲。通过家长学校的学习，家长们就会认识到自己平时在教育子女时，哪些做法是正确的，哪些做法是错误的，这自然能够使家庭教育趋于科学规范，收到理想的效果。

（二）家长学校是教师与家长沟通的桥梁

任何一所学校，任何一个班集体的建设都离不开家长的理解和支持。家长是教育因素中不可忽视的力量。"水能载舟，亦能覆舟。"如果把学校或班集体比作"舟"，那么家长就是水。他们无时无刻不在关注着学校和班集体的建设，并根据他们的认识给予评价。家长的评价是评定一个学校或班集体的有力证据，甚至更为群众所信服。而家长学校是学校或班主任与家长交流的主要方式，开好家长学校的重要意义不容忽视。

对于中小学生来说，教师和家长都是教育者，只有两者的教育观念、教育方法相统一，才能形成教育合力，才能真正发挥教育的作用。教师要充分利用家长学校和家长沟通班集体的具体情况：教材特点、教学要求、学校要求、学生的年龄特点、思想动态等，让家长了解学校的要求，教师的工作方法、工作目的，学生教育的重点问题。取得家长的认可和支持，教育教学工作才能没有阻力，顺利开展起来。家长学校使教师与家长之间形成共识，这种共识作用在学生身上，产生的教育效果是无法估量的。

（三）家长学校有利于提高家长的家庭教育素质

家长学校在向家长们系统介绍教育方式方法的同时，对家长的品德修养、文化学习、行为规范等诸多方面都提出了明确而具体的要求，特别是强调家长的表率作用。要求家长事事做孩子的榜样，时时做孩子的楷模，从而使家长意识到自己是教育者，是孩子的第一任老师，这种角色意识的增强，就会使家长不断警醒自己，严格要求自己，不恰当的话不说，不检点的事不做，长期坚持下去，家长的素质会不断提高。

因此，办好家长学校有利于提高家长的素质，主要原因在于：在家长学校中，家长系统学习教育理论，提高了自己的理论水平，懂得了教育学、心理学的基本知识，掌握了一定的教育规律；在家长学校学习的过程中，接触大量的家庭教育案例，从正、反两个方面领悟到家长素质对家庭教育的影响，从而增强了提高家长自身素质的自觉性和紧迫感；通过学员之间的研讨和交流，看到自己的不足，从而学习他人、借鉴他人成功的经验，矫正自身存在的不良行为；经常总结自己在家庭教育中的成败得失，扬长避短，摒弃不正确的教育手段和教育方法。

总而言之，建立家长学校是构建和谐社会的需要。人类的发展不断改变着社会的方方面面，产生着许多新的行业，各种行业的涌现，需要各色各样的人发挥聪明才智。家长学校正是建立和谐社会所需的一种模式。可以说，家长学校的出现，是社会发展的需求，是研究学生、培养学生的信息库，是培养学生自主成长的重要平台。

二、家长学校课程的基本定位

家长学校课程以家庭教育为核心，注重家长教育理念和方法的更新和提高。它致力于加强家庭与学校的合作，共同关注孩子的身心健康发展，培养孩子良好的品德和行为习惯。它不仅提供了理论知识的讲解，还通过生动的案例和实践活动的形式，让家长们更好地理解和应用所学的知识。具体来说，我校家长学校课程主要有两大基本定位：

（一）家长学校课程是成人教育课程

开发家长学校课程需要明确家长教育的根本属性，家长教育的根本属性首先是由教育对象——家长所决定的。家长是成年人，是心智已经发展到一定程度和具有较为丰富经验的人，这区别于心智尚未成熟和缺乏社会经验的未成年人。成年人既是年龄概念，更是一种角色定位，意味着他已具有一定的身份地位，且能够承担相应社会责任。这种角色既得到自身的认可，也获得社会的认同。在我们看来，教育心智成熟的成年人与教育心智尚未成熟的未成年人很显然是不同的，学校应按照成人教育的方式科学合理地设置家长学校课程。

第一，尊重成人自主性学习特征。好的课程应该尊重学习者的学习需要和学习方式。"家长教育是家庭教育指导者以家庭教育主体（家长）为对象，以提高家长家庭教育胜任力为目的，以科学的家庭教育知识、技能、动机、情意、思维方式和行为模式等为主要内容的教育培训活动，家长教育属于成人教育活动"，家长学校课程设计应该遵循成人教育的基本规律，充分尊重家长已有的"自我概念"，同时帮助重建新的"自我概念"，调动其学习的积极性。

第二，注重家长的已有经验。家长在接受教育时关于家庭教育已经形成了大量的经验，这些经验有的来自自身成长过程，有的来自前辈的传递，有的来自育儿过程中的积累，还有的来自自己的学习。教育是经验的改造，不是经验的否定。从这个意义上说，我校家长学校课程的实质是以家长相关经验作为出发点，为其构建成长的支持系统，通过理性的反思促使其对育儿经验不断地改造。

（二）家长学校课程是"弱强制性"课程

一方面，家长教育具有一定"强制性"，家庭是人生的第一所学校，家长是孩子成长的第一任老师，家庭教育对于青少年健康成长具有奠基性作用，家长的素质事关家庭教育成败，事关民族素质。这些共识反映在党和国家的教育法律、政策的重要内容中，并带有一定的强制性。

《中华人民共和国民法典》明确规定了夫妻"共同承担未成年子女抚养、教育和保护的义务"。《中华人民共和国教育法》在第50条具体指出了职责内容："未成年人的父母或者其他监护人应当配合学校及其他教育机构对未成年子女或其他被监护人进行教育。学校、教师可以对学生家长提供教育指导。"2019年6月颁布的《中共中央国务院关于深化教育教学改革全面提高义务教育质量的意见》明确提出要"重视家庭教育"，强化家长监护的主体责任，要求"家长要树立科学育儿观念，切实履行家庭教育职责"。上述政策规定体现了国家意志，带有强制性特征，有着法理依据。

另一方面，家长教育的强制性是较弱的。这主要是因为家长履行受教育的义务难以统一、难以明确、难以考核、难以惩戒。一是家长的文化素质不同、经济和社会条件也相差很大，他们接受育儿方面教育培训的外部条件受限，很难作出统一的要求。二是受教育的内容难以作统一规定。家庭教育主要是生活教育，是父母借助日常生活对子女产生人格影响的过程。父母和其他监护人应该依法学习家庭教育知识技能，提高教育本领，但法律上不能依法对父母的教育不当行为进行惩处。这种方式总体上只能是倡议式的而非强制性的。

总之，家长学校课程的基本定位立足于提升家长的教育能力和综合素质，以更好地指导和教育子女。同时，注重家校合作和家庭教育与学校教育的有效衔接，形成教育合力，共同促进孩子的全面发展。

三、以多元家长学校课程赋能家庭智慧

新时期的教育必须形成学校、家庭、社会三结合的网络，在这个网络中，家庭教育有待加强，这样，全面提高家长的素质，更新家庭教育观念，改革家庭教育方法，增强家庭教育效果就成了家长学校的紧迫任务。家长学校的办学目的，简而言之，就是通过对家长的培训和教育，提高家庭教育的质量，促进整个教育质量的提高，培养社会主义现代化建设的合格人才。

为此，从家长学校课程的基本定位出发，我们以启发家长个性化家庭教育心智，赋能家长家庭教育智慧为目标，以专题培训的形式组织家长参与课程培训。在第一期"合格家长"系列培训课程中，我本人带队邀请北京教育科学研究院德育研究中心的5位专家，共同开发、联合执教；我校一年级新生家长及二、三年级家委会成员自愿报名，参加学习的92位家长作为学员，开展了为期3个月的培训，培训分为6个主题，通过课上学习+课后实践的方式，"手把手"地为家长赋能。

其间，北京教育科学研究院原副院长、北京师范大学兼职教授文喆，北京教育科学研究院谢春风主任、朱凌云博士、赵澜波、白玉萍等专家先后围绕立德树人根本任务，从家校协同育人中存在的问题、家庭教育观念、习惯养成、家风建设、建设良好亲子关系和家庭氛围等多个方面为家长学员授课，分享家庭教育智慧。每位家长累计学习30个学时，并上交1篇以上家庭教育育人故事。92名家长学员于2021年12月23日顺利结业，获颁"合格家庭教师"证书，成为全国首批持证上岗的"家庭中的好老师"。

表3-4　第一期家长学校课程主题

序号	课程主题	课程主要内容提纲	主讲人
1	《从"我们现在怎样做父亲"谈起》	1.解题：父亲的三点责任（理解、指导和解放） 2.个人学习的几点体会 3.时代变了，按照鲁迅先生的要求，今天的我们，应该关注哪些问题？	文　喆
2	《学生好习惯的养成》	1.什么才是好的学习习惯？ 2.如何培养好的学习习惯？ 3.几点建议	朱凌云
3	《和谐的家师关系要有儿童立场》	1.良好家师关系对儿童成长的关系 2.家长是师生关系的桥梁 3.家庭教育是学校教育和社会教育不可替代的	赵澜波
4	《建设良好的亲子关系》	1.理想的亲子关系状态，怎样才能形成良好的亲子关系？ 2.减少直至放下对孩子的控制和放下功利主义的教育观 3.提高亲子沟通质量（父母要有基本稳定的情绪，善于说话，善于运用非语言沟通）	白玉萍
5	《家庭氛围与儿童成长的关系》	1.教育的根基是家庭 2.成长阶段：不同年龄段孩子的成长特点 3.从女儿成长案例分析"家庭影响" 4.沟通四步法	祝莉娟
6	《强化后疫情时期家长和合育人的实践自觉——良好家风的教育意义和实践思考》	1.中华传统文化中的家庭教育智慧 2.教育孩子要有三个视角（文化维度、国际维度和未来维度） 3.为家长们提供"量身订制"的建议	谢春风

以"从'我们现在怎样做父亲'谈起"这一专题为例，北京教育科学研究院原副院长、北京师范大学兼职教授文喆为家长学员重点讲解了做父母的三点责任，即：理解、指导与解放（主要内容见前文40—41页）。

就是自己做牺牲，为了后代的子女做牺牲。开宗第一，便是理解。第二，便是指导。

2021年我校第一期家长学校培训的圆满结束后，我校为深入贯彻《中华人民共和国家庭教育促进法》，进一步落实双减背景下家校社协同育人目标，办人民满意的教育，于2022年疫情期间，还相继举办了两期以线上讲课为主要形式的家长公益培训，课程主题主要有《家风家教家训》《网络时代的家庭教育策略》《家庭生活中的劳动教育》《敬畏自然界生命　与环境和谐共生》《撒播希望种子　扬起智慧风帆》《孩子专注力的培养》《家长角色定位与家庭关系》《这样辅导不焦虑》等，受到了参加培训的三、四年级家长学员的广泛好评。

以中国心理卫生协会会员、北京学校心理卫生委员会顾问杨忠健老师做的《建立学习型家庭——家庭心理健康教育》主题分享为例，讲座中杨老师通过故事、案例分析，给予家长们关于如何建立学习型家庭切实可行的建议。杨老师采用幽默风趣的语言，从家庭心育的晓、巧、少3个境界向家长阐释了家庭教育中的家长角色定位，最后建议家长创建学习型家庭是关键。

参加学习的家长学员积极反馈学习感受，正面肯定了专家授课中的学习收获。通过课程学习，家长们收获颇丰：了解了孩子成长过程中可能出现的问题，明确自己对孩子未来发展的独特作用，同时还知道在孩子成长关键期如何更好地助力其成长；学会了在与孩子相处的过程中如何沟通和互动才能让孩子感受到更多的爱，知道了如何拉近与孩子的心理距离，形成良好的亲子关系；学习了系统化的教育理论和科学的育儿方法，从而营造和谐的家庭教育氛围，构建良好的亲子关系。

规范优质的家长学校是连接家庭、社会、学校教育的纽带和桥梁。未来，我们将基于已有的家长学校建设的硕果，继续在家校社共育之路上俯身耕耘，努力做到并完善家长学校的"五个一"，即一套完整的家长学校理念系统、一套完善的家长学校制度体系、一套系统的家长学校课程方案、一支优质的家长学校导师团队、一套行之有效的家长学校评价机制，努力使家长学校真正能凝聚每个家长的正能量，汇集各层面家长的资源优势，形成百川致远之势，成为立德树人和指导家庭教育的重要阵地和主要渠道，共赢学生美好的未来！

第四节　建构家庭教育指导服务课程，助推教师成长

苏联教育家苏霍姆林斯基曾把学校和家庭比作两个"教育者"，认为这两者"不仅要一直行动，要向儿童提出同样的要求，而且要志同道合，抱着一致的信念"。进入新时期，习近平总书记强调"注重家庭、注重家教、注重家风"，重新唤起了社会对家庭教育重要性的认识。特别是2021年10月23日《中华人民共和国家庭教育促进法》的颁布，标志着学校、家庭、社会合作共育，促进学生身心健康发展已经成为全社会的共识，家校社合作共育已经成为教育的新生态。

在家校社合作育人链条中，教师的家庭教育指导能力既是学校教育的必需要件，也是家庭教育有效开展的必要的支持力量。家庭教育的开展越来越需要学校和教师的指导和引导，教师在一定程度上担任了家庭教育指导员和专业咨询顾问的角色。只有切实提升教师指导家庭教育的意识和能力，家校社合力育人才能得以有效实现。

一、追根溯源，明晰家庭教育指导服务的概念

家庭教育指导服务是指通过专业的教育机构或专业人士向家长提供的教育指导和支持，帮助家长更好地理解和应对子女教育中的问题和挑战，促进家庭和谐和子女健康成长的服务。家庭教育指导服务的意义在于：帮助家长更好地理解子女的成长和发展规律，提高家长的教育水平和教育能力；为家长提供专业的教育指导和支持，帮助家长解决子女教育中的问题和挑战；促进家庭和谐和子女健康成长，提高家庭教育质量和效果。家庭教育指导服务是一项重要的社会服务，也是一项复杂的工作。如何理解家庭教育指导服务，需要从多个方面进行探讨。

"家庭教育指导服务"究其根本，可从"指导"、"服务"和"家庭教育"三个层面进行界定。一是"指导"。"指导"就是指示、指点、引导。是专业的教育工作者通过与家长的交流和互动，为家长提供专业的教育指导和支持，提高

家长的教育水平和教育能力，促进家庭和谐和子女健康成长的过程。在这个过程中，它不仅能够帮助家长更好地理解子女的成长和发展规律，还能够为家长提供专业的教育指导和支持，帮助家长解决子女教育中的问题和挑战提高家庭教育质量和效果。

二是"服务"，即接受被服务者的指令，接受被服务者的意愿，尊重被服务者的主体权利。"服务"是专业的教育工作者通过向家长提供有针对性、个性化的教育指导和支持，帮助家长更好地理解和应对子女教育中的问题和挑战，提高家长的教育水平和教育能力，促进家庭和谐和子女健康成长的过程。

三是"家庭教育"。家庭教育包括德育、智育、体育、美育等各方面教育，甚至还包括部分劳动教育。家庭教育指导服务的落脚点是服务，而不是指导，因此，这就需要让家长充分地信任教师，在深入了解家庭教育的现状的条件下，找到部分学生家庭教育中存在的问题，为家庭教育提供指导性的服务，促进家庭教育的根本——学生习惯的养成。

总而言之，家庭教育指导服务是一项针对家庭的综合性教育服务，其主要目的是帮助家长更好地理解和应对子女教育中的问题和挑战，提高家长的教育水平和教育能力，促进家庭和谐和子女健康成长。

二、寻其根本，明确提升教师家庭教育指导能力的重要意义

新时代教师的家庭教育指导能力是教师核心素养的重要组成部分，是具有时代使命感、教育责任感的新能力。2019年，中共中央、国务院颁布《关于深化教育教学改革全面提高义务教育质量的意见》，首次提出强化教师的家庭教育指导能力建设，立足政策立场将指导家长开展家庭教育的责任赋予教师，这是探析教师家庭教育指导能力的政策基石。在此背景下，培养教师家庭教育指导能力是推动新时代教育内涵式发展的必由之路。

首先，立德树人是新时代家校社合作育人的行动指南。"立德"是新时代育人实践的主体内核，立德树人是新时代人才培养的根本导向。"家庭教育是人生的起点，是立德树人的第一个环节"[①]，新时代家校社合作育人是教育改革的重点领域，而立德树人作为教育的根本任务，则是新时代家校合作育人的行动指南。无论是家庭教育还是学校教育，无论是家长还是教师，将立德树人作为育

---

① 冯建军.构建立德树人的系统化落实机制[J].国家教育行政学院学报,2019(4):8-18,46.

人成长、成善、成才的核心内容和关键举措，既是新时代人才培养的趋势所需与所使，又是新时代家校合作育人的理念根基与实践路向。

其次，强调家庭、家教、家风建设，凸显新时代家庭教育的重要价值。注重家庭、注重家教、注重家风是习近平总书记对于家庭育人重要性揭示的侧影，这唤起了社会对家庭教育重要价值的深刻认识。调查显示，超过90%的家长认为有必要接受家庭教育指导，93.2%的家长认为孩子的班主任或任课教师有能力指导自己教育孩子，为此，在强调家庭、家教、家风建设的新时代，教师作为专业育人力量指导家长提高家庭教育素养，以落实家庭教育的重要价值，契合教育政策导向与家长育儿需求。

再次，家庭教育指导专业化是新时代家庭教育服务体系的重要任务。2020年10月，全国人大常委会审议通过的《中华人民共和国未成年人保护法》中多处提到家庭教育指导，主张学校对未成年学生的父母或者其他监护人给予必要的家庭教育指导，未成年人的父母或者其他监护人应当接受家庭教育指导。可见，家庭教育指导是新时代家庭教育领域的重点议题，家庭教育指导专业化是新时代家庭教育服务体系的重要任务，而教师群体是作为专业的家庭教育指导者的优先选项，家庭教育指导专业化的要求呼吁教师提高家庭教育指导能力。

最后，家庭教育指导能力是新时代教师专业能力的构成内核。新时代教师的专业工作不再是单一的教书，密切连接家校社合作关系，指导家长开展家庭教育，以更好地实现家校合力育人，是教师专业能力建设的重点。其中，让教师成为家庭教育的指导者，既是家校共育的突破口，也是国家重视家庭教育指导工作的必然要求。

总之，全面提高广大教师的家庭教育指导能力，培养充足的家庭教育指导师，充分满足在校生家庭教育指导的需求是构建新时代家庭教育工作大格局的必然选择。因此，新时代教师的专业能力结构中不能缺少家庭教育指导能力。

三、群策群力，助力家庭教育指导服务课程落地

进入新时期，推进家校社合作育人是我国教育改革的大趋势，家庭教育的开展越来越需要学校和教师的指导和引导，教师在一定程度上担任了家庭教育指导员和专业咨询顾问的角色。只有切实提升教师指导家庭教育的意识和能力，家校社合力育人才能得以有效实现。

基于对家庭教育指导服务的概念厘定与对教师参与家庭教育指导重要意义的把握，我校面向教师群体开展的家庭教育指导服务课程应运而生。这一课程由我校联合北京教育科学研究院德育研究中心专家团队共同开展，是我校在面对时代发展给教育带来的机遇与挑战，主动适应时代发展的必修课，同时也是对海淀教科院发布的《海淀中小学教师家庭教育指导能力提升课程纲要》中提出的"构建及实施系统、科学、专业的家庭教育指导能力提升课程体系，发挥学校、教师指导作用，为家长提供家庭教育服务与支持，引导家长认识家庭教育的重要性，主动加强家校沟通，提升家庭教育质量，让家庭教育、学校教育与社会教育各就其位、各尽其力、各负其责，增强家校社育人合力，营造家、校、社共育的良好教育生态，促进学生健康成长"的积极践行与回应。

具体来说，这一家庭教育指导服务课程以培训班的形式展开，由我本人亲自带队，我校两位德育干部和17位优秀骨干班主任共同参与，课程历时5个月。课程主题涵盖家校沟通、教师参与家庭教育指导服务建议、教师专业发展、家教指导实践策略、专业素养等内容，旨在提升学校骨干班主任家庭教育指导服务的专业能力和素养，为班主任家校协同育人做深度专业赋能，为家庭教育事业、家校社协同育人工作，提供更专业的家庭教育指导服务。

表3-5 家庭教育指导服务课程

序号	课程主题	主讲人
1	家庭教育的角色定位与家校沟通中的语言艺术	马金鹤
2	学校教师如何参与"家庭教育指导服务"工作——对教师介入家庭教育的建议	文 喆
3	关于教师专业发展的几个问题——从叶圣陶《如果我当教师》说起	文 喆
4	共育视域下教师育人能力提升途径的思考——家校和合育人与卓越教师的专业成长	谢春风
5	从自己最好的过去中学习把自己带向最好的未来——问题研究是教师专业发展的关键变量	谢春风
6	家校共育的要求和策略	郭喜青
7	家教指导实战策略	张景浩
8	家校携手，共同助力学生成长——聊聊照片背后的故事	张景浩
9	家庭教育指导师专业素养	洪 明
10	构建学生、教师、家长生命成长共同体	郑丹娜

其中，马金鹤老师主讲的《家庭教育的角色定位与家校沟通中的语言艺术》着重阐述在家庭教育中，家长主要充当陪伴者、倾听者、接纳者、引导者、支持者的角色；文喆先生主讲的《关于教师专业发展的几个问题——从叶圣陶〈如果我当教师〉说起》则从叶圣陶关于教育的论断延展开来，强调当前的家校社协同共育的重点就是孩子良好习惯的养成；谢春风主任主讲的《共育视域下教师育人能力提升途径的思考——家校和合育人与卓越教师的专业成长》将锚点对准如何搭建学校、家庭教育和合的心桥这一问题，并强调要把握好家校社共育的着力点；郭喜青教授则在《家校共育的要求和策略》这一专题中明确提出了家校协作对学校教育者的要求主要是：树立平等合作意识、坚持优势互补原则下的合理分工、各司其责与精诚合作。策略可以概括为积极搭建以家长教师协会、家长学校、家长会、家长沙龙、家长讲坛等为主要形式的家校协作平台；张景浩会长则倾情分享了《家教指导实战策略》的"五步法"，依次是：确定家庭教育指导主题；结合确定的家庭教育指导主题，引入一些常见的社会现象，引起家长共鸣；做问题、现象的原因分析；给家长提供真招、实招；回归主题，或鼓励或诗意或一句话扣题。

以"学校教师如何参与"家庭教育指导服务"工作——对教师介入家庭教育的建议"这一课程主题为例，文喆先生详细地阐释了教师可以从以下方面指导家庭教育：

注意倾听，包括倾听学生家长及学生的陈述，力争准确把握学生家庭教育现状。学校、家庭都关注学生发展。教师关注所有学生；家长更关注自身子女。鉴于教师掌握评价权，学生家长或出于"护犊"，或因缺乏自知、反思，往往不能真实反映学生表现，也未必能说出真实教育思想。需要教师放下"指导"心态，认真与学生和家长交朋友，至少是与重点学生，有代表性学生的家长交朋友，以了解各类学生家庭教育真实状况，发现并解决真实与共性问题，从而提升家庭教育指导的针对性；

从存在共识的问题入手，由易而难，有计划地攻克难点。家庭教育指导的根本职责，是努力保证家庭教育，做到目标正确、方法得当。针对当前中国学校与家庭教育的现实，为有效指导家庭教育，需要从家校双方共识强烈的问题入手。只有双方真正建立互信关系，而且学生家长确实从实践中感受到教师指导建议的价值，他们才会开始考虑与个人意见相左的教师建议，才会逐渐反思自身习惯做法的合理性。学生及其家长与学校教师，能否建立坚实的互信关系，是家校协同育人的关键，也是实现学校教育高效的前提；

基本理论宣传与针对性指导相结合，两者各有侧重，注意灵活把握。中国家庭教育的问题，有相当部分是理论认识不准确、有误解，而大部分家长，很难有机会重新学习基本理论。因此，家庭教育指导，需要讲大道理，讲教育的根本原则。但是，大道理要和小道理结合，要与家庭教育实际存在的难点、争议进行密切联系，这样才能吸引学生注意，才能激发他们质疑、反思，从而有助于解决实际问题，增强学习兴趣；

面对网络信息技术的发展，家庭教育指导，应该充分利用传媒优势为家庭教育指导，提供更多资源与路径。但需注意以下两个问题：第一，可以建立家长微信群，作为发布学校教育信息和正面宣传材料的主渠道。但尽可能不在群里讨论具体问题，也不进行个别指导。第二，家长自己建群，教师可以用"隐身状态"进入，只作为收集意见、建议的渠道，除非确有必要，一般不对具体意见进行评议或表明看法。如果问题重大，可以通过讲座、报告、研讨会议等方式处理，而不在群里参与争论。

促进家庭教育健康发展，是党和政府的责任，也是社会组织、学校和社会大众的责任。学校教师除了提升自身理论认识水平和工作能力以外，需要学会依靠社会力量，通过设身处地，融情于理的方式，和学生家长协商合作，解决学生的教育问题。就家庭教育指导而言，法律规定是基本依据，家庭教育的实际问题，是指导的出发点、切入点，积极换位思考、融情于理，则是追求实效的关键。

而北京市朝阳区垂杨柳中心小学的郑丹娜校长则在"构建学生、教师、家长生命成长共同体"这一课中言简意赅地向教师传授了参与家庭教育指导服务的"小妙招"。即：接待家长首先要做到"三个一"：一声问候、一把椅子、一杯热茶。一声问候可以表达学校对家长的尊重和欢迎；一把椅子表示学校对家长的重视，让家长感受到学校的诚意；一杯热茶则体现了学校对家长的关心和温暖。

其次要体现好"三心"：遇到不被理解时——沉住气，冷处理，感动家长心。当遇到被家长不理解的情况时，我们需要保持冷静，进行冷处理。理解并尊重家长的感受，耐心地与他们沟通，努力让他们感受到我们的诚意和专业性，从而赢得他们的信任和满意；遇到家长提出过分要求时——多理解，换位想，体谅家长心。当家长向我们求助时，我们不应该推辞或忽视。相反，我们应该积极地提供帮助，热心为家长解决问题。通过这种方式，我们可以赢得家长的感激和信任，进一步建立良好的合作关系；遇到求助时——不推辞，热诚帮助，赢得家长心。在处理与家长的关系时，展现出耐心、理解和热心是至关重要的。这不仅可以提高家长对我们工作的满意度，还可以促进家校之间的良好沟通和合作，共同促进学生的成长和发展。

最后，还要谨记"三多想"：多想他人的优点，多想他人的好处，多设身处地为他人着想。由此，我们才能变家长的"审视"为"信赖"，才能共享一个好的理念、表达出一颗真诚的心（态度）、付出一个真诚的行动、真诚帮助有困难的孩子。

通过课程的学习，每一位参与的教师都表示自己在这个家庭教育指导服务培训班中获得了宝贵的知识和经验，对家庭教育有了更深入的认识，也让自己日常工作中带班工作智慧和幸福感都得到了明显的提升，今后他们将以更专业的态度和技巧去指导和辅导家庭教育，为家校社协同育人贡献自己的智慧和力量。

提升教师的家庭教育指导力，既是教师自身发展的需要，也是完善教师教书育人专业能力的必然，更是新时代对我们教师的新要求。因此，家庭教育指导力是新时代教师必备的素养，提升家庭教育指导力更是每一位教师今生必修的一场爱与智慧的修行。老师和家长，作为教育链条上不可或缺的元素，只有家长与老师肩并肩，一起发力，才能推动孩子成长和进步。我们有理由相信，未来通过家庭教育指导课程的常态化开设与纵深化发展，将促使家校沟通形成一股更为强大的育人合力，必能帮助孩子在成长中进一步实现自我，发展自我，超越自我，让每一朵花都能尽情绽放！

第四章

实践·探寻"智乐教育"下学校家校社共育的实施落地

　　本章主要讲述"智乐教育"家校社共育的实践路径。我们从学生、家庭、教师、学校、社会五个维度出发，以整体化、系统性的思维构建家校社共育实施模型，建立健全家校社协同育人的保障机制，丰富完善家校社共育评价体系，以此建立起多向互动、共同促进的协同路径，不断激活学校发展内生力，唤醒家庭教育力，整合社会支持力，真正发挥家校社协同育人的实效性，从而为每一位儿童的健康快乐成长保驾护航，最终实现其全面发展。

第一节　实践育人，打造"五位一体"家校社共育实施模型

"为者常成，行者常至。"家校社合作是指家庭、学校和社会共同致力于学生教育的过程。为确保我校"智乐"家校社共育工作得以有效实施，我们以学生、家庭、教师、学校和社会五大主体为出发点，重点推进"坚持实践育人，助力学生全面发展；开展分层培训，增强家庭教育胜任力；组织教师研修，提升协同育人专业能力；搭建共育平台，丰富协同育人形式；整合社会资源，提高协同育人水平"五大模块，以此我们提出"五位一体"家校社共育实施模型，为我校家校社共育提供有力保障。

一、坚持实践育人，助力学生全面发展

著名教育家罗杰斯曾强调："学生是知识意义的主动建构者，而不是外界刺激的被动接受者。只有通过自己的切身体验和合作对话等方式，学生才能真正完成知识意义的建构。"[1]为了给予学生广阔的主动构建与自主发展空间，我校在"智慧工作，快乐生活"的理念指导下，构建了智乐育人课程体系。在此基础上，我们坚定不移地践行实践育人原则，坚持"走出去"与"引进来"相结合，深入挖掘校内外教育资源，借助课程的参与，让学生闪耀智慧、共享快乐，从而实现全面成长。

我校非常注重"家本课程""家社课程""校社课程"的常态化开展，运用情境式、体验式、探究式等学生喜闻乐见的方式开展活动，通过开发内容丰富、趣味性强的家校社共育课程，助推学生在鲜活的实践体验中实现德智体美劳全面发展，提升学生的综合实践能力。

具体来说，我们积极拓展校内外研习及实践基地，不断开发、丰富、完善研究性社会实践课程，以实践为课程实施载体，以合作小组为组织形式，鼓励学生从身边寻找研究对象，组织学生走出校园，到城市、社会中去躬行践履、亲身体验，助力学生的全面健康发展。

---

① 王海兰.小学生数学自主学习能力的培养浅谈[J].基础教育论坛,2013(10):30-31.

以我校"乐学慧行"学科实践课程为例，学生在课程实践中加强了对社会的联系，体验了成长之乐、自然之乐。

依托于北京市丰富的历史文化底蕴与资源，我校以"智慧工作　快乐生活"的办学理念为出发点，努力拓宽学生的学习平台，满足孩子的生命需求与多样化需求。在这样的思考下，我们开发了"乐学慧行"学科实践课程。

其中，在"快乐成长"课程主题中，设置了"亲近自然"版块，在这一版块中学生体验职业，对社会与职业有了相应的认知，体验了成长之乐；同时走近自然，亲近自然，树立了保护环境的意识与责任，与自然和谐共处，体验了自然之乐等。

再如，我校引进PDC项目，点燃了学生的实践热情，促进学生在实践中培养自己的动手能力和创新能力，为全面发展奠定了坚实基础。

为更好地践行实践育人，促进学生的自主发展，我校结合自身实际条件，充分挖掘教师资源，引入了PDC（P代表项目，D代表驱动，C代表生成）课程，以教学创新的方式回应时代关切，培养真实而完整的人，推动了"智慧工作　快乐生活"的办学理念走向纵深。

通过一个个项目的实施，学生运用知识对接真实的生活，在学以致用的过程中，将固态的知识内化为自身的能力与素养，从而切实提高了自身的创新精神和实践能力，达到智慧生成、快乐成长的美好状态。

时时处处是课堂，一事一物皆教育。在全面推进家校社共育的过程中，我们坚持以实践为导向，倡导学生走出课堂，深入家庭和社会，进行探究、思考与学习。令人欣慰的是，我们见证了他们在实践体验中的愉悦与成长；同时，我们也将不断探索更多实践模式，助力学生智慧而快乐地成长。

二、开展分层培训，增强家庭教育胜任力

陶行知先生曾说："过什么生活便是受什么教育；过好的生活，便是受好的教育，过坏的生活，便是受坏的教育。"[1]家庭作为孩子学习、生活的重要场所，在学生的成长过程中有着不可替代的作用。只有营造良好的家庭氛围，以正确方法教育引导孩子，才能保证孩子的健康成长。但想要保证家庭教育质量，不能仅靠家庭自身的努力，还需要学校和社会为家庭教育提供指导、

---

[1] 潘曦.陶行知生活教育视域下的幼儿园环境创设研究[J].当代家庭教育,2022(31):77-80.

支持和服务。

《家庭教育促进法》明确规定："中小学校应当根据家长的需求……组织开展家庭教育指导服务和实践活动，促进家庭与学校共同教育。"[①]为此，我校以国家政策为依据，从家长需求出发，针对当下家庭教育的重点难点问题，开办了"学段培训"和"时段培训"两类家长培训，面向广大家长宣传当下的教育方针、政策，普及科学的家庭教育理念、知识和方法，引导家长树立正确的儿童观和育人观，提升家长的家庭教育胜任能力。

（一）学段培训

学段培训，即针对各个年级阶段，结合相应学段的特点，我校为家长提供多样化主题的培训课程。在中小学生的成长过程中，各个发展阶段呈现出独特的心理特性、思维模式和情感认知。为确保家长能够因材施教，保障学生健康茁壮成长，我校致力于让家长深入了解各年段的心理、情感特质，并据此不断调整和优化育儿策略，为此我们为各个学段的家长提供定制化的家庭教育指导。

例如，针对一年级学生，对小学生活既感到新鲜，又不习惯，好奇、好动、喜欢模仿，活泼好动，喜欢表现自我的特点，我们从"一年级家庭教育的重要性""该阶段学生特点与压力来源""家长需要关注几个问题及解决思路""家校协同—形成合力—助推孩子成长"四个方面对家长展开培训，通过生动的案例、理智的剖析、恰切的方法，让家长们收获颇丰，并深刻认识到一年级的重要性和"家校合作"的必要性。

（二）时段培训

时段培训，即针对每个年级的不同时段，如在学期前、放假前、毕业前等，以汇报、交流、展示等方式对家长进行培训。学生在某些特定的时段，会出现一定的情绪波动和心理状态的变化。这时家长需要充分尊重孩子发展的差异性和特殊性，积极与孩子沟通，反思自身教育理念和行为的科学性，扭转不合理的教育认知，充分尊重孩子的意愿，给予孩子更多的成长空间。为了避免和减少错误家庭教育方式对学生的影响，我们在每个年级的不同时期为家长提供针对性的家庭教育指导。

例如，为帮助家长有效缓解亲子关系，我们开展了全程陪伴式家庭教育一

---

① 薛波,叶茂恒,马雯君.家庭教育导师制的实践与探索[J].中国德育,2023(3):61-63.

对一辅导。本次指导极具针对性和实效性,不仅满足了不同家长的教育需求,帮助许多家长解决了家庭教育中的困惑,也让许多家长意识到协同育人的重要性,有效提高了家长们家庭教育水平。

"能用众力,则无敌于天下矣;能用众智,则无畏于圣人矣。"[1]事实证明,我校实施的分层教育培训策略,既有助于全面提升各层次家长的家庭教育素养,又能整合家校智慧,推动我校各项事业有序、高效、顺畅地发展。未来,我们将继续以家长需求为导向,进一步优化和完善相关培训机制,切实推动我校家校社共育深入发展。

三、组织教师研修,提升协同育人专业能力

步入新时代,我国教育改革不断发展,家校社共育已成为其重要发展趋势。在此背景下,教师肩负着家庭与学校之间沟通交流的"纽带"角色与使命。因此,教师的家庭教育指导能力不仅关乎学校教育的本质需求,而且是家庭教育有效实施的关键支持力量。为了进一步提升教师的家校社协同能力,我校立足于教师发展需求,通过组织专题研修活动、培育专业教师队伍等措施,切实加强教师在家庭教育指导方面的认知与技能,从而推动家校社共育的有效实施。

(一)组织专题研修活动

专题研修活动能精准聚焦于教师的发展需求,搭建学术研究和互动交流的平台,有助于提升教师队伍的整体素质。基于我校家校社共育工作发展的实际状况和教师的发展需求,我校定期组织全体德育干部、班主任及任课教师,就家校社共育专题开展研修活动,旨在不断提升教师的共育能力。以家庭教育指导服务师培训班为例,我校与北京教育科学研究院德育研究中心联合举办,本次培训历时五个月。在笔者的带领下,两位德育干部和17位优秀骨干班主任通过多元化的课程设置和实践活动,全面提升了家庭教育指导能力,培养了他们在家庭教育领域的专业素养。

(二)培育专业教师队伍

"没有完美的个人,只有完美的团队。"[2]我校致力于通过构建一支支高效团队,使教师在各自岗位上充分发挥才能,相互支持、相互协助,确保学校各项

---

① 牟海霞.以"团"之名携手共进 活动引领众行致远[J].山东教育,2023(16):34-35.

② 杨华俊.锻造雁行团队 汇聚远行力量[J].好家长,2018(28):74.

工作科学有序展开，提升师生生命价值，推动学校均衡发展和持续发展。在此愿景下，随着学校不断壮大，我们组建了七支队伍，七个团队为我校发展作出了独特贡献。其中，为推进家校社共育工作，我校成立了家本校本团队。该团队致力于深化"智慧学习""快乐成长"两本家本课程及"乐学慧行"实践课程，细化智慧、快乐72个指标，让"智慧"与"快乐"融入课程、显现于课堂、实践于家庭，使师生切实感受到"智慧"与"快乐"的滋养，助力师生成为乐学智慧之人。在团队的不断壮大及深研下，也进一步推动着我校家校社共育工作的开展。

"一滴水只有投身于大海才不会被泯灭，一粒沙只有跻身于沙滩才不会被吹散。"团队，作为学校发展的支柱力量，同时也是共育工作推进的核心。在团队建设方面，我们也将通过持续深化团队建设，以引领和推动共育工作的深入发展。

四、搭建共育平台，丰富协同育人形式

协同育人，作为新时代教育的核心理念，强调教育并非孤立行为，而是学校、家庭、社会等多方共同参与的综合性过程。在此背景下，构建协同育人的共育平台变得至关重要。此类平台不仅丰富协同育人的实践形式，而且有助于整合各类教育资源，提升教育的精准性和实效性。立足于家长需求，我校通过构建线上家校社信息平台和线下家校社服务平台，助力家校社共育事业的稳健长远发展。

（一）线上家校社信息平台

伴随着时代的进步，我校充分运用现代信息技术，以线上信息平台为依托，从家校社共同培育发展的需求出发，在校网站及微信公众号上设立家校社品牌专栏，通过多样化的形式和时段，宣传家校社共育政策、先进育人理念，为家长解答家庭教育过程中所遇到的难题。

例如，2022年11月，我以《孩子的成长与家庭抚养和学校培养的关系》为主题在线上与家长展开分享。

我的专题分享，从一段《孩子的性格里藏着母亲的情绪，母亲的情绪里藏着丈夫的教养》的语音展开，对家庭中家庭成员之间的关系及应担当的责任一一进行了梳理，并呼吁家长为孩子的健康快乐成长要尽到各自的责任和努力。

我结合人的年龄特点及心理发展规律，向家长们从理论方面讲述了不同年龄阶段家庭抚养的侧重点和关键点。并从热播的电视剧《人世间》中周家三个子女虽然同一个家庭中出生，但因父母的不同抚养方式所造就的子女的不同人生为话题，带领家长们从家庭教育视角一一审视了家庭抚养与儿童成长的关系，赢在起跑线的孩子是否长大就幸福，孩子及时地吃点精神的苦、情商培养中的共情能力的重要性等家长们普遍关注且长期困惑的问题。建议家长要尽可能保护孩子的自信心，自信心对孩子一生成长非常关键，"相信孩子"是家庭应该给孩子最起码的关爱。同时，我还就学校智乐家本项目如何规范儿童成长帮助儿童养成良好性格做了指标体系的详细解读，鼓励家长要充分利用家本项目及家庭中可以促进学生发展的活动来促进孩子良好性格的养成、展其能力，从而尽早培养孩子的社会适应能力。此次培训受到线上听课家长们的一致好评和积极互动。

（二）线下家校社服务平台

构建线下服务平台作为家校社共育的常态化途径，有助于促进各方进行更为深入、面对面的交流与合作。根据特定时段及实际需求，我们会邀请家长莅临校园，充分发挥家长委员会的作用，举办家长微论坛、家长学校、家长讲坛、家长沙龙、家长开放日等多样化活动，传播共育理念，助力家长全面了解学校的办学文化及各项工作。

以2023年1月为例，我校成功举办了一场以"同心致远，聚力前行"为主题的一年级班主任沙龙活动。

寒假伊始，一年级班主任沙龙如期举行。我和德育处、教学处相关领导，与一年级7位班主任齐聚，聚焦于一学期的班主任工作成效，进行梳理与小结，为发展班主任成为家庭指导教师、研究型教师提供交流与分享的机会。

一年级学生之间存在明显个体差异，为固化学生良好习惯养成的一些好经验、好方法，班主任们结合一学期线上、线下教学中，班级内发生的典型、普遍或特殊事例，针对事例提出行之有效方法，进行反思与总结发言。大家凝心聚力梳理智慧的工作方法：①用良好的师德感染学生和家长；②用专业和经验引导教育学生和家长；③用温和的沟通方式对待学生和家长。会后，教师们还表示，2023年，将继续从家长和学生的角度出发，注重家校合作，共同引导学生养成良好的学习和生活习惯。

线上线下的有机融合，两大平台协同推进、优势互补，不仅丰富了家校社共育的形式，拓宽了其深度与广度，更使我校在与家长关于教育目标的探讨、成长经历的分享中，缩小了与家长的距离，进而增进共识。未来，我们将继续创新沟通策略，强化协作，共同为孩子的成长提供助力。

五、整合社会资源，提高协同育人水平

"生活即教育，社会即学校，教学做合一。"[①]此言强调了教育与社会生活的紧密联系，社会既是生活的舞台，也是教育的阵地。学校与社会的互动关系密不可分，二者相互依存，相互促进。因此，充分发挥社会参与作用，整合社会资源，成为推动学校教育发展的重要途径，亦是必然之势。我校秉持着这一理念，以学校为核心，社会为载体，将学校与社会的力量有机结合，旨在为学生打造一个积极向上、宽松广阔的教育环境，为学生的健康成长和全面发展保驾护航。

我校以社会资源为依托，合理利用并整合学校周边社区资源，一方面从学生成长出发，引入社会实践教育基地、图书馆、博物馆、文化馆、非遗馆、美术馆、纪念馆、科技馆、演出场馆、体育场馆、国家公园、有合作意愿的各类企业等各类社会资源，丰富校社共育课程、家社共育课程，以促进学生的成长。例如，我校一年级（5）班学生参加复兴路28号社区"星光自护"知识讲座活动，在过程中收获颇丰。

2月15日，一年级（5）班的部分同学参加了复兴路28号社区星光自护知识讲座活动。

复兴路28号社区团总支请来了彩虹之家青少年服务中心的郭茗轩老师给社区青少年及家长讲了一堂急救包扎课。课上，郭老师详细演示了环形包扎、螺旋包扎、8字包扎等方式方法，还给大家讲解如何知道包扎松紧度的方法：一是按压手指看回血，二是询问。同时还教会同学们如何数秒数，询问病人是否凉、麻、跳的三个感觉。

郭铭轩老师在演示正确包扎后还邀请同学们亲自尝试包扎过程。复兴路28号社区在包扎课后还组织同学们一起朗诵《三字经》，在朗诵《三字经》活动

---

① 陈明弘.基于生活教育的小学综合实践学力提升探索[J].考试周刊,2023(52):11-14.

中，同学们认真带头朗诵。使同学们及家长在此次活动中收获满满！最后复兴路28号社区还给小朋友及家长免费测视力、检查眼底等，通过检查发现孩子们视力还不错，同时也强化了孩子们对于保护视力重要性的认识。同学们通过参与几个小活动加强了自护知识的认识，进行了实践，真是收获颇丰！

另一方面，立足于提高家长教育水平的需求，我校协同社区家庭教育指导机构、社会公益组织以及高校家庭教育专家，共同优化家庭教育课程。例如，2022年11月，家长学校为第三期参训家长举办了由北京市教育科学研究院德育中心研究员赵澜波老师主讲的题为《构建和谐家师关系需秉持儿童立场》的线上家庭教育讲座。

赵澜波老师从发生在现实生活中的生动案例引入，为家长们分析了儿童眼中的家师关系以及家师关系对儿童成长的心理、行为影响，带领家长们站在更高的站位，以更理性的视角理解家师关系的构建中一定要有儿童视角，要从加强家师之间的充分沟通、尊重儿童的成长认知和发展规律，科学开展家庭教育，构建和谐家师关系等方面共同努力，最终共同促进儿童健康快乐成长，此专题培训受到家长们的广泛好评和积极互动。

社会资源作为学校与家庭资源的有力补充，在家校社共育中发挥着不可替代的作用。在今后家校社共育实践中，我校将主动整合社会教育资源，以助力我校共育工作之发展，实现教育资源的广泛共享。通过引入高品质文化资源，让社会成为滋养学生成长的丰厚土壤，全方位浸润学生成长过程。

"办好教育事业，家庭、学校、政府、社会都有责任。"[①]"五位一体"的家校社共育实施模型正是从这一角度出发，充分利用及发挥各方的优势，形成教育合力，为学生创造更加优质的教育资源。教育，离不开各方的努力及配合，只有团结一心，才能培养出一批批具有创新精神、责任感和全球视野的优秀人才。在共同的目标之下，我们也将进一步优化实施模型，丰富其内容，强化其落实，推动共育工作迈向新境界。

---

① 江嵩.校家社协同:让孩子全面发展健康成长[J].民生周刊,2023(24):40-41.

第二节　机制同建，完善长效的家校社保障机制

2023年1月，为进一步推动家校社共育工作的落实，并针对其中的职责定位模糊、协同机制不完善、条件保障不足等问题，我国教育部等十三部门联合发布了《关于健全学校家庭社会协同育人机制的意见》[①]，为各校开展家校社共育工作明确了指导方向。在谈及家校社共育工作的保障措施时，该《意见》涉及加强组织领导、强化专业支持、营造良好氛围等方面，为我校的家校社保障工作带来了新的思路。

为推动我校家校社共育工作的顺利进行，我们从各参与主体的需求出发，构建了"五位一体"的家校社共育实施模型。为确保其落地生根，结合政策要求及我校工作实际，我们建立了"两大联动+三大队伍"的家校社保障机制，为家校社共育工作提供了坚实的保障。

一、以"两大联动"社校机制，构建共育新形式

学校家庭社会共育是一种有组织合作育人的系统工程，是新时代中国教育高质量发展的战略主题。[②]在这项工程中，除了学校、家庭的参与，还需要社会的支持与配合。人们常用"5+2=0"这一说法，形象地反映学校教育与社会教育协同成效不尽如人意的现象。为应对此挑战，我校构建了"两大联动"的社校合作机制，以促进社校共同培育人才，实现共建共推。一方面，在校园安全问题上，我们实现了"安全联做"；另一方面，在教育资源方面，我们实现了"资源联享"。

（一）"安全联做"机制，为学生安全保驾护航

安全是学生在校生活的第一要义。学校与社会合作共育首先应该为学生营造一个安全的成长环境。在这里，安全包含两层含义：第一是身体安全，即确

---

① 王治高.三位一体 多元共生 实现家校社协同育人[J].湖北教育（政务宣传）,2023(11):10-12.

② 高书国,康丽颖,阚璇.学校家庭社会协同育人的基本框架及其构建策略[J].中国远程教育,2024,44(2):3-11.

保学生的食品安全、交通安全、人身安全等；第二是心灵安全，即尽可能消除娱乐场所、不良文化产品对学生心灵的侵害。

在校园安全问题上，我校秉持"安全联做"原则，与社区建立紧密联系。借助学区管理委员会的资源以及北京市发布的校园安全100条中政府各职能部门的职责要求，每学期开学前，我校各部门主动与社区建立联系，就学生安全工作达成一致并落实。我校与食品卫生部门携手，强化周边商铺的食品卫生安全管理；与派出所、工商所等部门合作，整治校门口摊点，禁止设立流动摊点；与交通部门联动，提升我校周边交通秩序；与公安等部门合作，强化我校周边秩序及文化环境治理，加大对校园周边治安案件的查处力度等，以确保学生安全得到充分保障。

在"安全联做"的原则下，我校也组织了多项有关校园安全方面的活动，例如，我校携手北京市学生营养餐协会，为学生们开展"健康饮水，远离含糖饮料"的主题食育课程，旨在关注学生饮食安全，促进其健康成长。

随着夏季的到来，各种冷饮备受人们喜爱。然而，关于含糖饮料的制作过程、成分及对人体健康的影响，同学们却知之甚少。此次食育课程的老师通过现场实验和展示生动的事例，使同学们深刻地理解了远离含糖饮料、适量饮用白开水的必要性，以及一天中科学饮水的注意事项。此次课程不仅关注饮食健康，还旨在培养学生们的食品安全意识，提高其选择健康食品的能力。今后，我校将继续开展系列食育课程，助力学生健康成长。

(二)"资源联享"机制，为学生拓宽学习空间

"他山之石，可以攻玉。"优势教育资源的互补才能形成最大的教育合力，发挥强大的育人功能，浸润学生品格，实现教育的全方位发展。众所周知，社会资源对学校来说是一项重要而特殊的资源，它们不仅是学校珍贵的资产，而且是重要的"动态资源"[①]。因此，为推动社会资源的发展以保障学校教育的进步显得尤为关键。

在社会教育资源方面，我校遵循"资源联享"原则，重视与社会机构的交流与合作，充分发挥社会教育资源的独特作用，共同为学生提供健全的实践活动场所。我校整合校内外资源，构建了"常规实践+特色实践"的体系，组织学

---

① 褚娟.有效开发幼儿园班级家长资源的策略[J].成才之路,2012(24):25-26.

生参与校内外活动，旨在提升学生的道德修养，引导学生在体验中成长。具体包括：一是开展劳动实践活动，安排学生参与校内、家庭卫生劳动、校外基地劳动及社区服务志愿者劳动，培养学生热爱劳动的观念。二是实施我校"乐学慧行"实践活动课程，组织学生走出校门，前往中国园林博物馆、中国宋庆龄青少年科技文化交流中心等社会大课堂活动基地，进行各类学科实践活动，让学生真正从课内走向课外，从校内走向校外，实现与社会接轨。

在"资源联享"的原则下，我校也组织了多项活动，例如，我校与今日家园社区携手，共同创建了培英小学今日家园家校社协同育人实践基地，这是北京市首个家校社协同育人实践基地，此基地的创建为学生的实践活动提供了更广阔的平台。

2022年3月以来，培英小学三年级今日家园社区的学生在每天下午3：30后，回到自己所生活的社区，开启别样有趣的校外活动。在社区教室里，来自社区的空竹非遗传承人传授非遗文化，而另一位软笔书法教师则带领孩子们学习体验书法文化。走出校园，有趣的课堂、丰富的内容，再加上亲身体验，孩子们快乐地徜徉在中华优秀传统文化中。

两大联动机制，既保障了学生的基本安全问题，又为学生成长需要提供了源源不断的教育资源，这样的联动搭建了社会育人的平台，不仅实现了社会资源共享共建，而且净化了学生的成长环境，开创了我校共育新局面。

二、以"三大队伍"建设机制，助推共育新发展

新时代下的家校社协同育人，共育队伍的建设是关键。而共育队伍中，绝不仅仅只有校内教师，还应该有校外的家长、专家、模范榜样、社区工作者等的参与。因此，为了更好促进家校社共育工作建设，建立合作、联动的家校社协同育人运行机制，学校更要重视共育队伍的建设，对共育团队不断地进行重塑、优化与升级。

在多年的家校社共育探索与实践中，我校立足于不同主体的实际发展需求，对接学校、家长及社区三个层面，构建了"三位一体"的共育队伍建设机制。通过"三大队伍"建设优化共育队伍，推动家校社共育迈向新的发展阶段。

（一）立足学校需求，成立"家本项目研修团队"

为进一步促进家校社会协同发展的目标，我校提出了构建家本课程体系的

策略，并于2016年成立了专门的家本项目研修团队。该团队作为我校的特色团队，旨在推动我校家本课程项目的实施。团队秉持"智慧工作 快乐生活"的办学理念，成功研发出《智慧学习》和《快乐成长》两大家本教材。随后，在家本课程的深入建设中，我校不断吸纳优秀且有经验的教师加入，为家本项目的体系化建设以及家校共育提供了有力的支持。

在项目组的带领下，团队一方面以教育科学理论为指导，以探索教育规律为目标，展开了关于指标体系落地的项目研讨。通过对家本教材改版方向与内容的反复研讨和完善，针对"智慧学习"和"快乐成长"两大部分共72个指标群下的不同主题内容，研发并实施了不同年级的家庭教育项目；另一方面，沿着教科研的方向，对家本课程改版前后的情况进行细致的课题研究。目前已完成全校各年级学生"智慧学习"和"快乐成长"能力测评的问卷调查，形成了包括数据、图表和结论在内的前测报告，为家本项目的深化发展以及家校共育做出了显著贡献。

我校"家本项目研修团队"的相关物化成果（部分成果）：

1. 学校形成了基于理念下的家本课程指标体系，构成了"智慧学习""快乐成长"下的72个完整、科学的指标群。

2. 学校基于"智慧学习""快乐成长"的指标，形成了1—6六个年级的项目群。

3. 学校围绕1—6年级年段特点，共编写出6本《智慧学习》家本课程和6本《快乐成长》家本课程。

4. 2020年底，学校出版了凝聚学校多年智慧成果的著作——《智乐教育——基于小学家本课程建设的立德树人行动研究》。

（二）立足家长需求，建立"家长委员会队伍"和"家庭教师队伍"

当前，家长大多为受教育程度高、对教育质量需求高的"新手家长"，他们面对孩子的教育难免会面对很多难题，例如，如何指导孩子学习？如何配合学校做好孩子的教育工作？如何开展家本项目？如何与孩子进行有效沟通？如何理解新时代下家庭教育的理念以及政策……为了更有力地支持家长，我校基于家庭教育实际情况和家长需求，从队伍建设出发，积极推动家校队伍联动机制建设，专门设立了"三级家长委员会队伍"和"家庭教师队伍"。

1.家长委员会队伍

学校和家庭的互相配合程度，影响着孩子的成长和发展。在这一过程中，需要学校尽可能地调动学生家长参与学校教育的热情，获得家长对学校管理和发展的认同，也需要家长了解学校的教育教学目标，使家庭教育配合学校教育。为此，我校以《关于建立中小学幼儿园家长委员会的指导意见》和《北京市关于进一步加强中小学家庭教育指导服务工作的实施意见》中相关规定为依据，充分考虑我校发展状况和家长实际情况，科学谋划并建立了"校级家长委员会""年级家长委员会""班级家长委员会"三级家长委员会，并根据每级家长委员会的不同特点，明确了三级家委会委员的权利和义务，并采取灵活多样的组织方式，确保家长委员会工作取得实效。

校级家长委员会的家长，享有优先聆听家庭教育方面的讲座的权利，成员们需要在提升自身的家庭教育水平同时，带动本年级、本班其他家长的育子水平的提升；同时，校级家长委员会的成员能够参与学校的部分管理，并对学校工作计划和重要决策，特别是事关学生和家长切身利益的事项提出意见和建议。此外，他们还要向家长通报学校近期的重要工作和准备采取的重要举措，听取并转达家长对学校工作的意见和建议。向学校及时反映家长的意愿，听取并转达学校对家长的希望和要求，促进学校和家庭的相互理解。我们还要求他们及时总结自己教育孩子的经验和教训，向学校提供有关家庭教育的第一手材料。

年级家长委员会的家长，可以发挥自身的专业优势，走进课堂，为学生进行行业知识的普及、技能的培训，也可以发挥资源优势，为学生开展校外活动提供教育资源和志愿服务。同时，他们还可以参与学校共同设计节日、寒暑假的亲子同乐活动菜单，有机会在和孩子共同参与活动中，通过交互的、对话的、生活化的、感性的活动方式，获得真实体验，反思自己的行为，调整家长教育理念。此外，年级家长委员会的成员还可以参与年级大型活动，并担当策划、评委等工作。

班级家长委员会的家长，可以参与班级管理，与班级携手做好德育、保障学生安全健康、推动减轻中小学生课业负担、化解家校矛盾等工作。同时，他们也可以反映对班级工作的疑问，提出意见建议，把可能出现的问题，解决在萌芽状态。此外，班级家长委员会的家长也可以参与班级组织的，家校互通活动，与其他家长共同交流科学的教育理念的教育方法。

我校家长委员会队伍在共育工作中发挥着重要作用，并多次参与到学校工作中来。例如，为进一步加强家长、学校、配餐公司之间的沟通，落实食品安全责任制，我校组织班级膳食委员会家长来到为学校配送餐的快餐公司实地考察。

5月29日，培英小学家长代表一行来到快餐公司，首先在按要求穿戴防护服的前提下，观看了加工车间，了解了食品加工制作流程，进入检验室、冷库、洗碗车间等场所查看。公司经理从公司资质、优势、目前的工作举措等方面介绍了培英学生营养餐情况，回答了家长的问题。北京市营养餐协会王会长也参加了此次考察交流活动，并介绍了在此餐饮公司成立北京市第一家食育基地的情况。

家长们看到实地的流程，纷纷表示对营养餐的卫生等状况更加放心。下一步，学校也将进一步严格落实食品安全责任制，落实陪餐制度，加强家校、陪餐公司之间的沟通，做好学生均衡营养的教育，让学生吃得健康、营养。

2.家庭教师队伍

家庭教师队伍由专家、教师、家长代表组成，以家庭教育领域的专家为核心，吸纳有经验的学校"智乐"家本研究团队的教师，以及优秀家长代表参与其中，是一支重在帮助家长解决家庭教育困惑的共育队伍。以"专家引领，教师指导，自我反思"为主要活动形式，一方面围绕国家近期发布的法律法规教育政策，如《中华人民共和国家庭教育促进法》"双减"政策等，为家长提供不同主题的培训，帮助家长领会国家的教育方针，能够有效配合学校来培育孩子；另一方面围绕家庭教育中存在的问题，如家庭教育观念、习惯养成、家风建设、建设良好亲子关系和家庭氛围等，为家长授课，启发家长个性化家庭教育心智，赋能家长家庭教育智慧。

为进一步提升我校家庭教师队伍的质量，我们针对家长需求举办了多项活动。例如，2022年12月，全国知名家庭教育专家、北京市教育科学研究院德育研究中心谢春风主任，为我校第3期合格家庭教师培训班的家长们做《家校协同，立德树人——如何减少儿童学习分化问题的探究和思考》的专题辅导。

辅导从"文化自信下的家庭教育和学校教育"开题，带领家长重新审视和理解"人生起跑线"，以研究专家视角为家长们深入、理性地围绕国内外儿童学习分化问题的起因、不利影响、研究数据、案例和故事，对儿童学习分化问题做了全面的分析。并将研究中儿童学习分化问题的亲源性、亲子关系、家庭氛围、家校沟通等因素对孩子学习成绩的影响，向家长做了详细解读。谢春风主任提出："儿童学习分化问题要早期预防，早期诊断，早期干预，介入越早，效果越显著。"

谢春风主任还为家长们成为合格家庭教师提出了十大专业伦理标准：平等心、尊重、善沟通、觉察、互善、示范、合作、亲和、慈悲、素养。

辅导最后，谢春风主任建议家长：要对"不要让孩子输在起跑线上"的合理性与不合理性，进行再思考，对"儿童两岁成习，三岁看大，七岁看老"的古训要认真思考。建议家长厘清：学校教育和家庭教育的差异是什么，如何互补，父母如何认识和自觉发挥自己最根本、最自然的教育者的作用等问题，做好家校协同立德树人这个大课题。

（三）立足社区需求，创建"社区服务队伍"

家校社共育不仅仅局限于校内和家庭，而是要紧随社区发展步伐，契合社区发展规划及育人导向，勇于创新，激发活力，提升为社区乃至社会服务的能力，彰显其价值和生命力。为此，我校从社区角度出发，不断优化共育团队，组建了"社区服务队伍"。

该队伍以校长和社区领导为引领，不仅配备了充足的德育管理干部、团队干部、班主任、心理健康教师等德育骨干，还邀请校外模范人物和社区工作者参与，共同组织、协调、开展社区各项工作，构建了校内外协同的育人体系。"社区服务队伍"不仅深入社区，还积极探索共育一体化德育资源，强化实践研究，助力学生走出校园，融入社会，寻求更多资源与平台。

在服务社区方面，我校也根据特定的时期及需求会举办相应的活动。例如，3月5日，我校四年级学生走进社区，践行雷锋精神，学生用自己的爱心和双手，营造良好的社会氛围。

随着社会的发展、时间的推移，我们身边的老龄人口数量快速攀升，为老服务成为全社会关注的焦点问题。四年级（7）班的同学们，积极参与为老服务，有的为社区老年人表演节目、送去募集的爱心物资；有的在家中关心关爱长辈，开展各种家务劳动，用自己阳光、向上的精神，给老人带去快乐和温暖。同学们在付出爱的同时，也收获了成长。

同学们积极参加社区志愿服务，开展学雷锋活动组织、雷锋精神小物件制作、公益宣传、平安守望、社区卫生清理等志愿服务，得到了社区居委会、物业和广大居民的好评。

三大队伍的成立，不仅满足了各方的发展需求，而且有力地推动了学校、家庭、社会共育工作的顺利进行。未来，我们将进一步优化队伍间的沟通协作、活动筹划、管理机制等方面，实现规范化和流程化，真正使队伍成为推动我校发展的重要力量。

尽管时代变幻莫测，风起云涌，但教育始终是社会发展的重要议题，是社会共同关注的焦点，这需要学校、家庭、社会良好配合。近年来，我校通过对家校社共育有效途径的探索，建构起较为完备的家校社共育模式，也通过一系列措施促进其有效实施。"路漫漫其修远兮"，我们的研究、探索与创新还需完善，思路还需拓宽，内容还需深入，水平还需提升。我们将继续以学生成长为导向，以共育为途径，不断完善和创新家校社共育模式，在家校社共育研究的朝阳之路上砥砺前行！

第三节　以全方位家校社评价，成就智乐少年

"评价无论在教学、管理、课程或是德育中，都是一个重要的闭环。无评价就不知结果，不知结果就无法完善。"是的，在学校各项工作中，评价不可或缺。评价是为了创造适合学生的教育，有什么样的评价，就会有什么样的教育结果。同样，家校社共育的实践亦离不开评价的推动。

为了使评价更契合我校家校社共育工作的开展，更符合学生成长规律，助力学生全面且多元化的发展，我校在充分考虑办学理念与育人目标的基础上，参照《义务教育质量评价指南》关于教育评价的相关要求，兼顾共育各方的实际需求，从评价主体、评价内容、评价方式等多个角度进行深入探讨，最终构建出具有我校特色的"智乐家校社"评价体系，以此推动家校社共同发挥教育合力，助力智乐少年的全面发展。

一、兼顾各方需求，实现评价主体多元化

在传统的教育评价模式中，教师作为评价的主体，学生则被视为被评价的对象，处于被动的地位。在我校的家校社共育工作中，我们突破固有思维，充分发挥学生的自主评价作用，以及家长和社会的评价诊断功能。我们采用多元化的评价方式，包括学生评价、教师评价、家长评价和社会评价等，以共同评估促进我校家校社共育工作的优化及发展，进而促进学生的全面发展。

在我校家校社共育工作的过程中，学生、家长、教师、学校、社会等主体全员、全过程、全方面参与，始终站在家校社共育的最中心。因此，在开展家校社共育评价时，我们致力于构建开放、宽松的评价环境，鼓励学生、教师、家长、学校和社会共同参与评价过程，实现评价主体的多元化。

以我校的"三真课堂"评价为例，这一评价模式充分展现了评价主体多元化的特点。

"真趣味、真参与、真获得"的课堂需要来自多方的评价，以此来敦促课堂教学改革和进步。因此，在"智乐课堂"评价过程中，我校倡导评价主体多元

化，充分调动教师、学生、家长乃至社会等多个主体的积极性，以此建构完整的智乐评价网络，把握课堂教学的大方向、大视角，使"智乐课堂"的建构与实施更有成效，为学生提供充盈智慧和快乐的新样态课堂。

教师自觉参与课堂评价。"师者，所以传道授业解惑也。"教师作为课堂的引导者、组织者和建设者，对课堂的评价，他们最有发言权。因此，我们倡导教师自觉参与课堂评价，将目光着眼于"智乐课堂"之中，在"真趣味、真参与、真获得"的评价标准中，将自评与他评相结合，不断激发教师活力，提高教师自评、教师同行互评的能力，让教师会评、善评、助评；同时，创设开放、宽松的评价氛围，鼓励教师反思教育教学过程中遇到的困难和存在的疑惑，并与其他教师一起分析和探索，不断推动教师教学向智慧、快乐靠近，打造真正的"智乐课堂"。

学生主动参与课堂评价。教育家叶澜教授曾说过："每个学生以完整的生命个体状态存在于课堂生活中，他们不仅是教学的对象，学习的主体，而且是教育的资源，是课堂生活的共同创造者。"课堂不是告诉、不是灌输，而是点燃学生智慧的火焰，促进学生快乐地成长。因此，我们倡导让学生主动参与课堂评价，学生对智乐课堂的评价，可以让教师迅速掌握学生的学习状况，对自己的教学内容及形式作出调整，不仅让师生得到共识、共享、共进，更无形中将"真趣味、真参与、真获得"的智乐课堂理念传递给学生，润养了学生"智慧学习""快乐成长"的价值态度。

家长积极参与课堂评价。家庭作为学生教育的"第二课堂"，他们对于"第一课堂"的评价是同样重要的。因此，家长对于"智乐课堂"的评价意见对于改进我校的教学方法来说，具有一定的参考借鉴价值。通过邀请学生家长参与"智乐课堂"旁听、召开家长会即时反馈课堂教学效果等形式，收集学生家长的评价意见，从而改进课堂教学的方式方法，促使其变得愈发智慧和快乐。

社会力量协同参与课堂评价。在"智乐课堂"的建设中，校园之外的力量，尤其是教育相关领域专家的指导建议，也是促进课堂纵深发展的"源头活水"。从某种意义上说，专家应邀到校指导，对课堂教学的评价有着更加科学、客观、全面的审视视角，能够从不同的侧面有针对性地反馈教师的教学表现，给出具有建设性的建议，这些良好的建议可以为我校教师的成长、为"智乐课堂"的建设提供新的路径，从而带领学校践行"智乐教育"，走向更加美好的未来。

再如，我校"智乐小达人"德育评价（全面内容涵盖低、中、高三个学段，因文章篇幅原因仅展示低年级评价），我们邀请学生、家长、教师三方参与评价，以更加全面科学的评价促进学生的发展。

我校为了让德育工作得以有效进行，并让每个孩子都能充分发挥其特长，润养优秀的品德，选择围绕"智乐教育"文化，以"德育十二个素养点"为考核点，建立了一套完整的"智乐小达人"一体化德育评价体系。

在评价主体方面，班主任、科任老师、学生乃至家长均可参与到"智乐小达人"的评价过程之中，我们鼓励参与学生教育的全员共同评价，保证其公平、公正、公开。

表4-1　低年级（1-2）"智乐小达人"评价表

年级	评价内容			同学评	家长评	教师评
	一级指标	二级指标	三级指标			
低年级	家国情怀（家国小达人）	感恩有情爱家校乡	能够认识自己的家庭、学校、家乡，懂得家庭、学校、家乡对自己的养育培育之恩，从认知和情感上爱家爱校爱家乡，从行动上友睦家庭、爱护学校、宣扬家乡。			
	遵纪守法（纪律小达人）	语言文明行为规范	拥有良好的道德意识和文明习惯；能够做到待人有礼貌，说话文明，讲普通话，会用礼貌用语，行为举止规范有礼。			
	责任担当（担当小达人）	自尊自律爱护自我	能够做到自我严格要求，爱护自我，拥有健康的身体和心理，对自我负责。			
	人文底蕴（人文小达人）	学习文化体悟传统	学习并了解一定的传统文化常识，对文化的魅力形成初步的感性认知，对文化学习有浓厚兴趣。			
	乐学会学（乐学小达人）	乐于学习爱读好问	能够初步了解学习的重要性，有想要学习的意识和兴趣，养成基础的学习习惯，喜欢阅读，敢于提问，善于提问。			

续表

年级	评价内容			同学评	家长评	教师评
	一级指标	二级指标	三级指标			
	善于探索 （探究小达人）	留心观察 善于发现	善于用心观察身边的事物,掌握观察的方法,在观察中感悟事物,发现问题,提出想法,积极思考。			
	自立自强 （自强小达人）	克服依赖 学会自理	养成良好的学习生活习惯,逐渐克服依赖心理,培养自理意识和自理能力,能够做到自己的事情自己做。			
	创新实践 （创新小达人）	保持好奇 善于观察	保持并发展对于新事物的好奇心和想象力,善于观察,拥有学习掌握实践技能的兴趣和意愿,能够做到动手与动脑相结合,具备初步的动手实践能力。			
	爱人助人 （乐助小达人）	尊师孝亲 学会分享	能够基本理解老师和亲人付出之爱,心怀感恩,做到尊重师长,孝敬父母;不自私,愿意和他人分享。			
	身心健康 （健康小达人）	乐于运动 性格开朗	有初步的运动知识和安全常识,具备运动的愿望,经常参与锻炼。培养开朗性格,经常保持微笑,学会倾诉,乐于分享。			
	团结合作 （协作小达人）	团队意识 学会分担	初步理解团队及集体的重要性,具有团队意识,认可自己是团队的一员,能够配合团队,分担一定的任务。			
	懂得感恩 （感恩小达人）	感恩父母 和师长	能懂得父母的养育和师长的栽培之恩,用实际行动去回应他们。			

　　多元主体的参与,不仅丰富了我校家校社共育工作的创新性,更最大化地发挥了评价的实效。不仅满足了学生的成长需要,使自己在成长中得到肯定;学校的教育工作方向也更加明确,教学活动有了方向;家长还参与到学校的工作中来,见证孩子成长的点滴,取得了多赢局面。

二、激发成长潜能,打造评价内容多维化

　　好的评价不是为了证明而评价,也不是为了评价而评价,而是为了起到激励和鞭策的作用,能带动家校社共育工作的创新,以引领学生的发展。为实现家校社共育工作的有效性,我校在开展评价时,还强调评价内容的多维化。我

们依据各主体实际情况，积极研发针对学生、家长、教师、学校的评价内容，从而促进学生综合素质的提升、家长家庭教育能力的增强、教师教学能力的提升以及学校办学品质的优化。

(一) 对学生的评价

美国教育家加德纳曾经指出："每个孩子，都是一个潜在的天才儿童，只是经常表现为不同的方式。"[①]承认学生的差异才是有伦理的教育，让有差异的学生都能成功才是有情怀的教育。传统的教学评价往往仅关注学生的知识与技能，而对他们在其他方面的成长关注不足。

因此，在我校的多维化评估中，我们倡导评估范围的广泛性，全面涵盖学业成绩、创新意识、实践能力、心理素质、学习兴趣以及积极情感等多个方面。这样的评估方式能让每个学生都能充分展现自己的才华，实现智慧与快乐的增长。

以我校的家本课程为例，我们着重关注学生的行为表现、情感价值、心理素质等方面的评价。通过前后测评估，我们能精准定位学生的发展核心素养。

随着我校家本课程实施的发展，为了能够监测家本课程的实施效果，了解新修正的家本课程是否对学生各方面能力与品质的发展起到了促进作用，我校组织了家本课程的前后期测评，力求通过前后测的对比，客观评估家本课程的实施效果，同时总结经验，进一步完善家本课程的内容与实施中的各环节。

通过前后测的对比，我们看到了学生在各项能力与品质中的转变，同时也提出了智乐家本课程在下一阶段的实施中应注意的问题与改进的方向。与前测相比，学生的进步显而易见。在前后测的对比研究中，我们发现学生在与父母的关系、师生间的交往、文明习惯的养成、沟通分享的能力、法律意识的增强等方面有了很大的进步。

如，在二年级"文明规范我懂得"指标下，我们在问卷中提出了这样的问题："你觉得什么样的人是讲文明的人？"汇总学生的作答结果，并将之与前测进行对比，我们得到答案，如下图所示：

---

① 于红.多元智能理论对我国幼儿教育的启示[J].长春教育学院学报,2014,30(4):62-63.

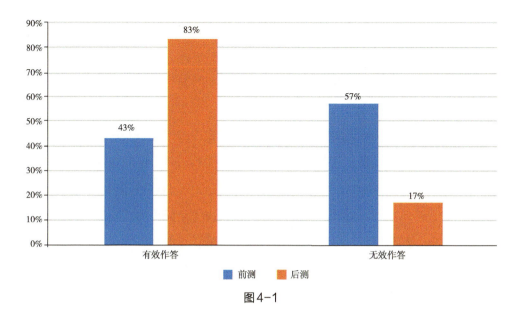

图4-1

从图中，我们可以明显看到与前测相比，更多的同学对于"文明人"有了自己的理解与定义，并且在后边的阐述中也能够说出自己所认为的文明的含义。

（二）对教师的评价

在家校社共育工作中，教师身为学校、学生与家庭之间的"纽带"，其角色的重要性不言而喻，因此对其的评价必须全面、客观且科学。我们遵循多维化原则，从师德师风、教学能力、管理能力以及家校沟通能力等多角度对教师进行评价。这种做法一方面有助于教师在家校社共育过程中进行自我审视，发现并解决自身存在的不足，持续优化工作方法，提升个人素质；另一方面，强化对教师教学过程及行为的监管，防止家校沟通不畅等问题，有效化解家校矛盾。

例如，在由北京教育科学研究院德育研究中心与我校联合开展的家庭教育指导服务师培训班圆满结束后，我校举办了家庭教育指导服务师培训活动结业式，其间对教师的教学能力、管理能力、家校沟通能力进行了评估与奖励。

（三）对家长的评价

德国教育家福禄贝尔的名言："国家的命运与其说掌握在当权者的手中，倒不如说是掌握在母亲的手中。"①深刻地揭示了家长在子女教育中所起到的关键作用，以及家庭教育对孩子成长的重要性。然而，在当前社会，家庭教育存在严重缺失，生而不养、养而不教、教而不得法的现象颇为严重，由此导致家庭教育面临诸多挑战。

有鉴于此，为了更好地解决学生在成长过程中的困扰与需求，传播正确的家庭教育理念，提升家长家教水平，使之成为优质父母，同时加强家校之间的合作，充分发挥教育合力，我们在家校社共育工作中，从家风家教、家长辅导、家校配合、培训参与、活动收获等方面对家长进行全面评估。通过此举，让家长认识到自己是孩子教育中不可或缺的参与力量，不能袖手旁观，而是要积极投身于学生教育之中。同时，精准了解家长在参与家校社共育活动过程中的收获与不足，为今后更好地提供家庭教育服务奠定基础。

以我校为例，我们针对"家长学校课程培训"进行了前后测的问卷调查，充分了解家长在此次培训中的所得所感。通过数据分析，以便对我校家校社共育工作进行深化调整，以更好地满足家长和学生的需求。

为了科学地评估家长学校课程质量，促进课程朝着更加贴合家长实际需求、赋能家庭教育的方向发展，我校组织了对家长的问卷调查，力求通过客观的数据分析，为家长学校的培训课程的完善提供借鉴，深化我校对家校社一体化的研究与实践。如《家风家教家文化调研问卷》数据对比分析：

本问卷是我们为了科学评估家长课堂的培训效果而设计的。力求通过家长作答情况的前后对比，分析本次培训的实际效果并作出客观评价，从而进一步完善今后的家长课程，为家长提供更具针对性的指导。

在家庭生活中，目前最让您苦恼纠结的事情有哪些？（可列举比如亲子、夫妻、婆媳等家庭关系方面的问题与专家咨询交流）

---

① 福禄贝尔.人的教育[M].北京:教育科学出版社,2000:168.

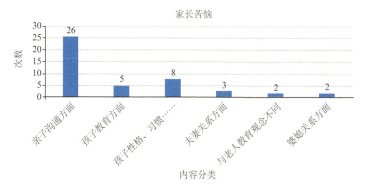

个别答案呈现：

孩子的父亲工作太忙，在家时间太少
如何合理地安排孩子辅导班时间和对未来的升学规划
家里有了二宝后，家长精力不够用，有些焦虑
家校互动
关于孩子教育，孩子的父亲对于教育知识的提升
如何兼顾孩子教育、家庭生活、事业
家里有二宝，大宝处于青春期，二宝在习惯培养期，家长感觉时间不够用，对大宝困惑相对较多
配偶对孩子投入得精力不够，忙于工作
孩子的父亲觉得减负意味着学习变得轻松，夫妻不能达到一致的教育共识
家规越来越多，严格管教孩子后，孩子变得抗拒

图4-2　前测结果

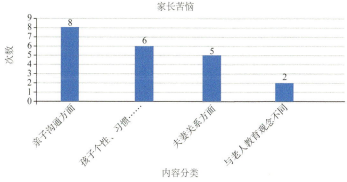

个别答案呈现：

没有家庭问题，但对女性个人职业发展规划有疑惑
孩子父亲工作太忙，陪伴孩子的时间太少
孩子教育
有了二宝便有了很多好处，然而要求高质量陪伴却很难做到，因此在这方面家长有愧疚感
家里很多孩子，如何育儿
觉得自己需要学习的地方太多，担心自己能力不足无法教育好孩子
有时控制不好自己的情绪会对孩子发脾气，但事后又后悔不已
最大的苦恼在于如何把孩子培养好，没有成熟的经验可循，理论与实际往往不一致；试错成本过大，孩子的教育如何进行
亲子教育中孩子如何更好地成长，培养好习惯
家人有时会因为对孩子教育方式不同而引发分歧

图4-3　后测结果

　　从前后测的对比可知，最明显的差别在于前测中"亲子关系方面"的苦恼占有相当高的比重，但在后测中这个比例有所下降。同时，在后测中对孩子性格、习惯、能力等方面的培养，夫妻关系的维护，与老人教育观念不同等方面困惑的比重有所上升。说明很多家长在亲子关系的处理水平有了提升，也说明良好的家庭教育环境受多方面因素的影响，家长在夫妻、长辈关系的处理，工作与家庭的平衡，以及自身认知的提升等方面均需提起重视，出现问题应及时处理。

　　如《建设良好亲子关系》问卷分析：

　　本次主题培训尚未解决的家庭教育困惑是什么？

　　作答结果：

　　为了方便统计与说明问题，我们剔除了无关答案（如一些家长的困惑是"平和心态，戒除焦虑，让孩子健康成长"）和个别不具代表性的答案，将其余的答案进行了归类，分为"如何控制好自己的情绪""隔代亲的沟通难度大""如何放手且不耽误学习""二孩之间的矛盾及兼顾问题""孩子不听话怎么办""无困惑"六类，如下图所示。

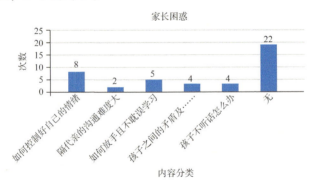

个别答案呈现：

父母和孩子对于成长的期待值不同，比如父母的要求较为严格，而孩子却不以为然，这时父母如果引导孩子的积极性，良性互动便得以形成

孩子学习主动性差，每天需要家长督促，如何提高学习兴趣来培养主动性

理论上了解了尽量与孩子保持平等关系，然而实际操作起来却不容易

很多问题难以得到界定，比如孩子喜欢读书，但是不愿写作业；或者孩子想先看书后写作业，孩子自行决定就很难完成作业，这种情况就会产生冲突

希望学习一些实际案例，比如家长和孩子相处过程中，出现哪些矛盾，应该如何处理，需要一些学习方法

如何修复亲子关系

如何更好地坚持

孩子在很多场合不敢大胆表达自己的想法

孩子与其他孩子如何相处，父母如何正确地引导

图4-4

由上图可知，很多家长依然存在困惑，特别是在家长情绪的控制、对孩子给予一定的民主自由和学习压力之间的矛盾等方面。说明家长能够从自身找原因改善亲子关系。另外，个别家长的思考同样值得注意，如："孩子父亲工作忙，作为母亲应该在孩子的日常生活中怎样担当""如何修复亲子关系"等。

（四）对学校的评价

"教化之本，出于学校。"学校乃人才培养的摇篮，亦是生命苗壮成长的肥沃土壤。在家校社共育的实践中，我们聚焦师资团队、管理体系、资源运用、平台构建等诸多方面，对我校进行全面评估。通过对教师队伍的整体素质、教学实践基地的打造，以及家庭和社会资源的运用状况等展开评分与评估，既能够真实、客观、全面地揭示家校社共育的实际成效，有助于学校梳理总结在家校社共育过程中的成功经验和独特亮点，以便在区域内推广和孵化；同时，也能从多角度展示学校在共育体系中的不足之处，进而更加科学、全面地规划家校社共育体系，助力提升学校办学品质。

例如，我校的"三真课堂"以课堂展示的形式，让多主体对我校的育人工作进行评价，从而推动家校社共育工作的深化发展。

课堂的展示与评价是"智乐课堂"实施的向导，具有激励与促进其持续深化发展的作用。因此，我校在推动"智乐课堂"发展的过程中，有意识地搭建以师生为中心的展示舞台，融"真趣味、真参与、真获得"于实际教学活动中，多次邀请家长群体、社会各界代表、教育专家走进学校课堂中，分享各自的观点与见解，以保障"智乐课堂"建设的科学和高效。

在丰富多彩的评价内容下，我校的家校社共育工作得到进一步发展。当然，在这个过程中，我们也将不断探索更加全面、多元、立体的评价内容，以更好地助力学生的成长。

三、紧跟时代步伐，构建多样化评价方式

完善的顶层设计需落于实地，才能凸显其价值。在多元主体的积极参与下，多维内容的设置下，"怎么评"成为家校社共育行动的重中之重。在"智乐教育"的引领下，我校紧跟时代发展步伐，注重创新评价方法。在家校社共育工作中，根据各主体实际情况，我校确立了定量评价与定性评价相结合、过程性

评价与终结性评价相结合、线上评价与线下评价相结合的多样化评价方式。旨在借助多样化的评价方法推动家校社共育工作的优化，进而实现共育成果的丰富多彩。

（一）定量评价与定性评价相结合

定量评价侧重于数据的量化分析，以统计学方法对评价对象进行价值判断，得出定量结果。相较于定量评价，定性评价则更注重评价对象在"质"的方面的发展，以描述性为主，富含实质性内容。在我校的家校社共育工作中，我们秉持定量评价与定性评价相辅相成的原则，即既关注学生和家长在实践活动中的具体表现，也关注他们的内在情感和价值观等方面的成长与变化。

（二）过程性评价与终结性评价相结合

过程性评价，亦称形成性评价，是在评价对象过程表现的基础上进行的评价方式，强调目标与过程的并重。而终结性评价则是对教育教学活动结束后成果的全面评估。在我校的家校社共育工作中，我们采用过程性评价与终结性评价相结合的方式，既对学生在协同共育实践活动中的表现进行即时评价，也对最终成果进行总结展示。

为了更好地推进这一评价策略，我们采用了以下方式：一是建立成长档案袋，以便关注学生的实际表现。我校要求学生和家长在每个学期家校社共育课程项目主题结束后，以成长档案袋的形式记录学生的成长过程，展示其优秀作品，定期在班级、年级范围内进行展评。借此，学生可互相学习、借鉴，教师也能及时给予评价，撰写客观、公正、具有发展性的评语。二是开展问卷调查，了解家长的实际收获。我校在每期家长培训课程结束后，都会围绕"满意度、课程收获、反思启示、遗留困惑、行动计划"五个方面制定问卷，对家长进行调查，形成"家长学校课程培训问卷分析报告"，从而关注家长在主题培训课程中的实际收获。

（三）线上评价和线下评价相结合

2021年3月，我国教育部等六部门发布了《义务教育质量评价指南》，强调在实施过程中需重视评价方式和方法的优化，不断提升评价工作的科学性、针对性和有效性。指南明确提出，要兼顾线上与线下评价，既构建网络信息平台及数据库，又采取实地调查、观察、访谈等线下手段。在政策指导下，结合我校实际情况，我们在家校社共育工作中，同样注重线上与线下评价的相结合，旨在推动家校社共育工作的不断发展。

以我校家本项目评价为例，我们充分发挥现代科技的优势，采用线上评价方式，为各参与主体提供便利。

家长是孩子的第一任老师，故而在家本课程的实践之路上，我们也要充分发挥家长的主体地位，倾听家长的意见。为此，我们在家长们线上或线下参观了解家本项目的前提下，设立家本项目评价环节，以线上投票为方式，以年级为单位，以此来充分了解不同年段家长对家本项目设立以及实施的真实反馈，寻找更能促进学生生长的家本项目，发现学校家本项目在实施过程中的优势与不足，并最终形成一份兼数据、图表、文本的详细报告，为下一步项目实施行动提供指引，助推学校家本课程走向深处。部分问卷如下图所示：

选出下列您最希望保留或发展的家本项目（本年级）【单选】

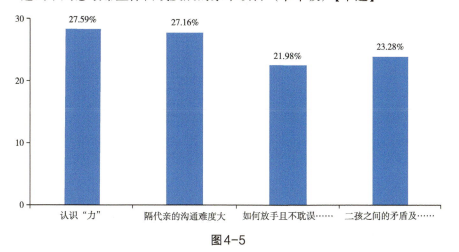

图4-5

根据投票结果分析：本题主要调研一年级家长对本年级所开展的家本项目的喜好程度。由上述数据可得，在投票的232位家长中，有27.59%的家长最希望保留或发展的家本项目是认识"力"，有27.16%的家长选择植物如此"长大"，有21.98%的家长选择认识标识，有23.28%的家长选择小油菜种植。可见一年级家长对本年级家本项目普遍支持，其中最希望保留或发展的家本项目是认识"力"。

选出下列您最希望保留或发展的家本项目（其他年级）【单选】

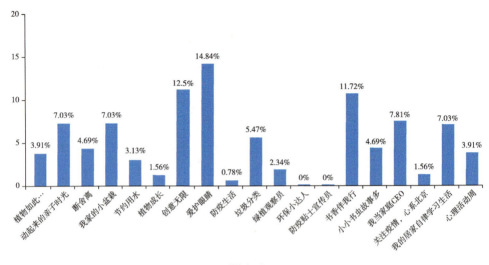

图4-6

根据投票结果分析：本题主要调研的是除三年级家本项目外，三年级家长最希望发展或保留的家本项目。根据数据，发现14.84%的家长选择了"爱护眼睛"，12.5%的家长选择了"创意无限"，11.72%的家长选择了"书香伴我行"项目，7.81%的家长选择"我当家庭CEO"，分别有7.03%的家长选择了"动起来的亲子时光""我家的小盆栽""我的居家自律学习生活"。由此得出，三年级家长最希望保留或发展的家本项目是"爱护眼睛"。

教育评价起着引领和推动教育发展的作用，其终极目标在于优化人才培养，塑造全面发展的人才。在具体的家校社共育实践中，我们也会根据具体情况，综合运用各类评价方式，以期获得更为全面、科学的评价结果，从而实质性推动我校家校社共育工作迈向新水平。

"教育评价事关教育发展方向，有什么样的评价指挥棒，就有什么样的办学导向。"[1]我校以评价为抓手，在家校社共育的实践中，构建了以多元化评价主体、多维化评价内容以及多样化评价方式共同构成的"智乐家校社"评价体系。这一体系推动了家校社共育工作的创新发展，但具体评价标准及量规的研究与创新仍需深入探索。展望未来，我们将继续努力耕耘……

① 本刊编辑部.新时代教育评价改革向更深远处迈进[J].人民教育,2023(20):14.

第五章

收获·铸就立德树人导向下学校家校社共育的智乐人生

通过"智乐教育"下学校家校社共育的实践与探索，我们不仅频获佳绩，收获了丰硕的育人成果，更在不断地深化中打造出家校社协同育人新生态，实现了学校高质量地发展。本章主要是从学校家校社协同共育以来取得的育人硕果及未来发展出发，对学生、教师、家长、学校等不同主体的发展与变化进行阐述，从而展现学校"智乐教育"下家校社协同育人的美好蓝图。

第一节　携手育人，让每个孩子都精彩

办好教育事业是学校、家庭和社会共同的责任。在我国建设高质量教育体系、完善终身学习体系、加快建设学习型社会、全面推进家庭教育、实施"双减"政策等教育发展的新形势下，家校社协同育人呼声越来越高，其重要性被提到前所未有的高度。党和国家也出台了《中华人民共和国国民经济和社会发展第十四个五年规划和2035年远景目标纲要》《关于进一步减轻义务教育阶段学生作业负担和校外培训负担的意见》《中华人民共和国家庭教育促进法》等一系列重要的教育政策和法律，明确提出要加强家校社协同育人，党的二十大报告再次指出，要"健全学校家庭社会育人机制"。

然而，新形势下的家校社协同育人的目标从工具性回归"立德树人"初心，意味着衡量家校社协同育人工作的根本标准转向立德树人。[①]国家颁布的《关于健全学校家庭社会协同育人机制的意见》政策就明确将"坚持育人为本"作为家校社协同育人的首要原则，强调"遵循学生成长规律和教育规律，大力发展素质教育"，这进一步为家庭、学校、社会协同育人提供了根本遵循。可见，家校社协同育人须以立德树人为根本任务，在"培养什么人、怎样培养人、为谁培养人"这一教育根本问题上形成共识，让家校社协同回归育人初心。

在这一背景下，我校始终秉持立德树人的初心使命，以学生为圆心，聚焦学生身心发展，发挥学校、家庭、社会优质教育资源，积极营造家校社协同育人的良好教育生态，建立家校社育人共同体，努力为学生全面健康发展营造良好的成长环境。

在这一良好的育人场域下，孩子的智慧与潜能得到激活，综合素质显著提升，不仅获得了大量动手操作、自由表达、创新探究的机会，还收获了快乐的体验与健康成长的能量，更学会积极向上的态度去感悟生活、体验生活，发现生活的智慧，绽放生命的精彩。

---

① 邵晓枫,郑少飞.新形势下的家校社协同育人:特点、价值与机制[J].现代远程教育研究,2022（5）:82-90.

一、提升了学生的发展能力

在家校社协同下，学生们不仅汲取到了非常丰富的知识，掌握了更有效的学习方法，独立思考能力、解决问题能力、实践能力、创新能力等也都得到了一定程度的提升。

具体来说，在知识学习方面，我们不断优化学校课程，挖掘丰富多元的家长资源、社会资源，开发多种多样的课程，为学生全面成长提供充足养料，同时也借助通识大讲堂、科艺讲师进课堂等活动，让家长们作为讲师，走进课堂，为学生们带来不一样的知识盛宴。学生在这里了解到科技、金融、医疗、艺术等不同领域的前沿动态，领略到不同行业的精彩知识，拓宽了自己的知识视野，激发好奇心和探究欲。

除此之外，我们积极借助社区平台，为学生知识学习提供丰富资源。两年多以来，在海淀区妇联和万寿路街道的大力支持之下，目前有60余名培英小学三年级和四年级社区的学生，在每日下午3点半后，回到家校社协同育人实践基地，开启别样有趣的校外活动，包括二十四节气讲座、传承非遗的空竹活动和书法及绘画，还有培英小学的智乐教育课程，今年新开展的针对学生成长需要和家长迫切关心的亲子教育等多种形式的活动。走出校园，有趣的课堂、丰富的内容，再加上亲身体验，孩子们快乐地徜徉在中华优秀传统文化中，通过耳濡目染的方式了解传统文化知识，感受传统文化的无限魅力。

在能力提升方面，实践能力是学生将所学知识应用到实际情境中解决问题的能力，创新精神是学生开拓创新、勇于尝试的态度和能力。我们在家校社合作的过程中，围绕"智慧"和"快乐"的培养目标开展了家本课程，学生在与家长探究家本课程的过程中，不仅拉近与父母的距离，更在亲身实践中感受到学习的乐趣，增强了认识问题、分析问题、解决问题的能力，锻炼了自己的胆量与沟通交流能力，享受到收获成果的喜悦。

例如在五年级"我当家庭CEO"项目中，孩子在父母的带领下通过调查、收集、整理相关资料，了解家庭开销，对家庭生活的支出进行了认真地测算和比对分析，智慧地绘制出家庭日常开支饼形图和柱状图，并通过讨论家庭节约小妙招，总结出节约小贴士，合理有效地解决生活中的浪费问题，不自觉就养成了俭以养德的生活志趣。

同时，我们也积极组织学生参与到通识大讲堂的活动中，学生们参与积极性空前膨胀。2023年暑假期间，我们共有38名同学志愿成为首批"智乐小讲师"，在本学期开始走进通识课，走进协同教育基地，站在同学们中间进行项目研究的分享，点燃了更多同学展示自我，自主学习的热情，学生表达力、思维力、反应力、创造力等都在不断提升。

其中，一位智乐小讲师谈到，通过参加智乐小讲师活动，锻炼了语言表达能力，增强了自信心，学会了如何更好地与同学们互动和交流，同时也体会到老师讲课的辛苦和不易。在不断地尝试和改进过程中，朗诵技巧、阅读和写作的能力也得到了提高，这为以后的学习坚实了基础。历练了迎难而上，勇于面对困难的好品质，更为其他跃跃欲试想要成为智乐小讲师的同学们开了个好头。

二、提高了学生的道德品质

"国无德不兴，人无德不立。"德育是立根之本。家校社协同为塑造学生道德品质注入无限力量，我们学校通过以德育为主题的课程，引导学生在学习中形成正确的人生观、价值观。同时引导家庭参与学生的学习生活、参与家庭教育讲座等方式，了解学生的学科发展情况，在日常生活中注重培养孩子的正确价值观，并有针对性地进行价值观引导。

在合力共育下，学生感受到正确的价值观念，如诚实守信、尊重长辈、关爱他人等，学生们的爱国、感恩、尊师、孝亲等各方面意识得到全面培养与提升，逐渐理解了尊重与宽容的内在含义，明白了与人为善的技巧和为人处世的原则，认识到友谊的可贵，懂得换位思考，学会感恩同伴的帮助，比如"感恩父母"，在参与家本项目等活动内容的过程中，越来越多的学生认识到了"感恩父母"的意义，深刻感知父母的辛苦付出，知道了要通过切实的、自己能够做到的事情来爱自己的父母，并开始从自己努力、自我约束、自我管理的角度来思考回报父母的养育之恩。

除此之外，通过参与社区服务、义工活动等活动，学生了解到了社会的规则、价值和责任，形成正确的社会责任心，明确自己在社会中的角色和责任，学生的社会责任感逐渐增强，不仅意识到自己是家庭的一分子，也是社会的一分子。同时，学生们在实践中也不断加深学生对正直、诚实、守信、勇敢、仁爱、勤奋等美好品德的认识，努力成为知法、懂法、遵法、守法的好孩子。学生们的表现也多次得到社区或街道的表扬：

如东城区朝阳门街道区养老服务联合体对我校二年级（七班）许笑尘同学的敬老助老行动进行了赞扬："许笑尘同学经常参加东城区朝阳门街道的敬老助老活动，用她的能歌善舞，为老人带去一次又一次的欢声笑语，并且认领微心愿，为老人送去米、面、油，让那些困境老人的生活变得更加好。有一次我问她，'你为什么参加到公益事业当中来？从这么小就做一个小的公益使者呢？'她说：'主要是学校、老师以及我的妈妈一直这样教育我，要为社会献出更多的爱心'"。

海淀区今日家园社区表扬了我校赵昱侨同学的垃圾分类志愿行动："赵昱侨同学经常利用业余时间参加社区垃圾分类行动。日常傍晚时间，他就会骑着自己的平衡车，一直跟着小区垃圾清运车收集垃圾，我们社区一共有13座居民楼，清运车每经过一座楼前，赵昱侨同学都会放下平衡车，与垃圾分类指导员一起把垃圾桶从垃圾站推到清运车前，待大人们把桶中的垃圾倒入车中后，他再帮忙把空桶推回原处。这一系列的动作，他平均每一座楼都要重复两三次。赵昱侨同学的志愿行动被我们社区的一名垃圾分类员看到了，当我们提出想把他志愿行动的善举向学校反馈并表达谢意时，赵昱侨同学却婉言谢绝。他表示，他只是做了一件很普通的事情，这些都是他应该做的，保护家园，人人有责，实在不需要进行表扬。其实，在我们今日家园社区里，还有许许多多像赵昱侨小朋友一样，利用业余时间积极参与社区垃圾分类、学雷锋志愿的同学们，他们都是来自培英小学"。

北京青少年发展基金会大力赞赏我校张雅涵同学多年以来的爱心公益活动："北京海淀区培英小学的张雅涵同学，从一年级开始就加入到了北京青少年发展基金会的爱心小天使队伍当中。这些年来，她一直用自己的实际行动践行了公益。在小天使组织的各种公益活动当中，她都能够努力参加，用自己的行动去进行开展劝募，向其他人宣传北京青少年发展基金会的公益项目。在公益活动当中，她的自身也得到了锻炼，自身能力也得到了很大地提高。张雅涵同学不仅自己努力参与公益活动，而且她还带动身边的同学一起来参与。在她的带领下，同班同学一起参与北京青少年发展基金会的小天使活动，如在马连道家乐福购物中心开展的劝募活动中，全班同学表现得非常优秀，在同学们的努力下，大家为贫困地区的孩子募集到了台灯、糖果，为贫困地区的孩子送去了温暖。我们希望张雅涵同学在今后的学习生活当中，继续用自己的行动参与到公益当中来，用自己的行动带动更多的人来参与公益"。

三、促进了学生的习惯养成

良好行为习惯的培养是一项系统的教育工程，需要家庭、学校、社会携手合作，才能促使儿童良好行为习惯的养成。而小学阶段又是学生学习和行为习惯的培养的关键时期，更需要发挥家校社协同育人这一重要力量。

因此，我们与家长、社会相互配合，加强对学习习惯的重视，关注学生良好行为习惯的养成，逐渐将教师的教育理念、教学智慧、专业能力与家长独特的教育角色、亲情联系和教育环境进行有效整合，同时积极调动社会资源，为学生行为习惯的培养提供一个体系化、渐进化、互助化和实效化的成长环境。

在这成长环境下，学生首先从内心深处逐渐认识到好习惯的重要性，能从情感上主动接受，并在行动中能够自觉自愿去学习好习惯、规范自身行为，在学习、生活、交友等方面逐渐养成勤奋学习、动脑思考、做事专心、独立完成作业、健康生活等良好习惯。

例如，在四年级"提高自我控制力"的指标下，我们开设了"制定家规"和"家庭管理评价表"的学习项目，孩子在与父母的合作、沟通中理解家风、家规是什么，以及在家庭生活中保持健康的生活习惯、优良生活作风的重要性。

疫情期间开展，我们开展了"制订疫情期间作息计划"和"制作我的自律计划卡"，孩子们在和家长的合作中形成对规律作息的认识，并在执行自己的自律计划中，养成规律作息的习惯。

四、促进了学生的快乐成长

家校社合作共育为学生快乐成长营造了良好的氛围，不断增进家长与学校、学生与家长之间的沟通和交流，增加家长、老师对学生的了解，及时清理学生的心理障碍，为学生快乐成长打下坚实的基础。

具体来说，我们搭建丰富的活动、课程，让学生收获知识的同时，也拉近学生与家长的关系，让学生感受到父母真挚的爱与尊重，使学生身心愉快，有十足的安全感、归属感。

比如二年级的一位同学谈到："有了家本课程之后，我跟爸爸妈妈在一起的时间更多了，他们对我的学习也更上心了，我们都很开心"。

六年级的一位同学谈到："我最喜欢的家本课程就是'牛年画牛'，当时妈妈帮我查阅了很多资料，我非常开心，不仅让我学习到了很多知识，还增进了我们之间的感情。"另一位六年级同学谈到，"我记得在2020年暑假期间，学校开展了绘制小区绿化平面图活动，我和妈妈一起到小区里实地考察，画了很长时间。在妈妈的指导下，我有条理地开始了研究绘图。而且有妈妈在身边，我感觉很温馨，我们之间的感情也更亲密了"。

除此之外，我们还开展通过家长委员会、家访等形式，密切家校沟通联系，及时、客观地反映学生的情况，并与家长配合，满足学生自我肯定的需要，解决学生存在的心理问题，保证学生良好的情绪占据心理状态的主要地位，促进学生身心健康发展，同时，充分利用各种社会资源，开展丰富多彩的活动，形成学生心理健康教育的强大合力，为学生的心理健康保驾护航，照亮了孩子成长的道路，让爱与欢笑成为他们成长旅程中永恒的伴侣，让学生在健康的环境中快乐学习成长。

在行动中，我们的学生得到了丰富的展示平台和锻炼机会，不断养成自尊自信、理性平和、积极向上的健康心态，越来越充满自信、活力满满，面对困难与挫折，学会以乐观积极的态度迎难而上，去感悟、体验、发现生活中的智慧。

"育人"是家校社协同的核心。只有在学校、家庭和社会紧密合作、共同努力的情况下，才能更好地引导小学生养成良好的行为习惯，形成正确的价值观念，推动他们健康、全面的成长。未来，我们将继续秉持育人初心，聚焦我们的家校社协同育人，整合、挖掘多方资源，不断更新协同共育理念，丰富协同共育内容，完善协同育人体系，建立更加科学、合理、有机的共育体系，携手助力学生的美好未来。

第二节　家校社共育，润泽教师成长

"大学者，非大楼也，乃大师也。"教师是立教之本、兴教之源，是教育的第一资源，是社会知识生产、传递和社会变革的关键人物。[①]在家校社协同育人中，教师同样发挥着重要作用，他们是家校合作活动的具体策划人、组织者和参与者，需要发挥专业能力来指导家庭教育，鼓励家长参与学校教育。党和国家也从国家战略层面进一步指明了教师在家校社协同共育中的重要地位，如2019年6月，中共中央、国务院在《关于深化教育教学改革全面提高义务教育质量的意见》中提出，"将家庭教育指导能力作为教师考核的重要内容，要不断提高教师的家庭教育指导能力"。2022年1月《中华人民共和国家庭教育促进法》正式开始实施，第三十九条明确要求"中小学校、幼儿园应当将家庭教育指导服务纳入工作计划，作为教师业务培训的内容"。

因此，在家校社协同共育的探索实践历程中，我们不断聚焦教师成长，在为教师增效减负的同时，也对教师进行多元培训，搭建立体成长平台，帮助教师在"理想标准"和"现实基础"之间寻找到平衡点和突破口，使教师不断升华教育情意，更新教师的教育理念，强化共育意识，夯实自身专业技能，掌握协同育人知识，增强协同育人能力，更好地助力协同育人的实现。

一、升华教师教育情意

通过家校社合作，我们的教师更好地理解社会对教育的需求和期望自发地对本职工作产生更强烈的责任心、主动性，积极获取家长有益建议和意见，调整身心状态，提升专业素养。从而更好地树立自己的教育追求，履行自己的教育职责，为社会发展做出更大的贡献。

首先，教师们对自身角色有了明确定位。"教师是家校合作中的主要人物，是家校合作的具体策划人和组织者，他们还是具体合作活动的推行者、指导者、

---

① 张志勇.建设教育强国迫切呼唤大先生[J].现代教学,2022(6):1.

咨询者、家长的朋友、学生的导师。"①他们充分认识和理解教师在家校合作中的主体性作用，准确找到自己的责任边界，清楚了解在家校合作中发挥的作用。

其次，在家校社这一连接学校、家庭、社会的平台上，与家长、学生、教师、社区人员等主体进行有目的频繁接触、进行互动的过程中，教师们更加深刻地了解社会的期望、家长的要求和学生的需要，感受到自己作为教育者的历史使命，进一步增强教师对自身职业理想、职业道德的体会与理解，促进教师自身职业情感的内化和升华，提升教师自身社会责任感和教育实践能力，激发了他们的工作热情，使教师们不断用发自内心的爱去关注孩子、教育孩子，感化家长，促进家校协同教育，从而助力每一位孩子的智慧、快乐成长。

我们班的班级小霸王是小柳，天天和同学起冲突，家长一周总得联系几次，这个小柳顶撞老师也一愣一愣的，就连卫生老师都对他了如指掌，简直就成了我们班的"名人"。他常常和同学开没边的玩笑，而且急了还打别人。为了让他尝尝开玩笑的滋味，于是我让全班和他玩个游戏叫"不要告诉他"，让大家一整天都不和他交谈，只微笑。然后他写完感受解封后，大家才回到日常，让他也体会一下别人的感受，没想到还挺管用，欺负同学的次数越来越少了。

为了让他重拾自我，我特意把他安排为我的课代表，每天帮我专门提醒给大家记作业，以此帮他树立正面的形象。生日时全班和他玩的第二个游戏叫"爱你一万年"，在他生日时，当天每个人都和他只说一句夸他的话，再说一句鼓励的话，其他任何话不与之交谈，然后大家悄悄把祝福的卡放在他书包里。回家后他妈妈说他特别高兴，激动得热泪盈眶，觉得大家特别爱他。渐渐地他转变了，我让他和我一起写随笔《我和小柳的那些事》，他很高兴，每天忙忙碌碌的，没时间捣乱了，而且经常帮助同学讲题，在六年级成了我得力的小助手，还光荣地成了科艺节的独奏小演员。

二、更新教师育人理念

随着家校社协同共育的实施，我们教师认识到家庭环境下学生的经验与活动是重要的课程，对于学生知识的获取和自我建构同样具有重要意义；认识到家长同样可以参与到课程中来，并成为课程的主导者，在这一认识下，开始关

---

① 岳瑛.我国家校合作的现状及影响因素[J].天津市教科院学报,2002,(3):52.

注家校社协同共育，并从内心对家校社协同育人的理念产生强烈认同，不断思考提升家庭教育质量的有效方法，主动探求如何通过生活化的课程践行"生活即教育，社会即学校"的教育思想，以及如何最大化调动家长的积极性、家庭中的教育资源等问题，使得教师们对项目式学习、基于理念下的课程开发、以课程调动家庭教育力量等方面有了更深入的理解和体悟。

同时，教师们也将这一共育意识外化于自身准确化、精细化和具体化工作中，比如鼓励家长主动关心孩子的学习情况、积极主动与家长沟通交流孩子的成长情况等等，不断强化自身家校合作的意识，反复推进育人工作。

三、拓宽教师专业知识

社会时代的进步与发展，要求教师拥有更加宽广的育人视野，明晰更加灵活的教育形势，掌握更为丰富的教育资源，家校社协同正好为之提供了可能。

为更好的发挥自身在家校社协同育人中的作用，我们的教师们主动阅读学习家庭教育相关的书籍，通过网络的课程学习、固定的线下讲座培训，以及通过同事之间的相互交流，向前辈寻求经验，或者是购买专业性的家庭教育指导手册等书籍，学习模块化，系统化，规范化的家校社协同育人知识体系，"边学边思，边思边悟"，在实践与思考中不断成长，不断提升完善自我，在与家长沟通、协助解答家长疑惑方面，更加从容自信，能够为家长们切实地提供一些行之有效的方法。

除此之外，为提升学校骨干班主任家庭教育指导服务的专业能力和素养，为班主任家校协同育人做深度专业赋能，为家庭教育事业、家校社协同育人工作，提供更专业的家庭教育指导服务，我们开展家庭教育指导服务师培训，历时5个月，笔者与我校两位德育干部和17位优秀骨干班主任通过丰富的课程设置和实践活动，获得"家庭教育指导服务师"结业证书。教师们通过培训，获得了宝贵的知识和经验，对家庭教育有了更深入的认识，全面提升班主任的家庭教育指导能力，培养他们在家庭教育领域的专业素养，也让自己日常工作中的带班工作智慧和幸福感都得到了明显的提升。

一位老师谈到，"首先，通过培训，我明确了在孩子的成长道路中，学校老师不是教育的唯一主体，应帮助家长意识到自己才是最重要的主体负责人。其次，家庭教育不是学校教育的附者，而应发挥自己独有的价值。这项培训也让我对我们的'家本课程'有了更深的理解和感悟。这项课程通过系统的设计，协助家长为孩子家长挖掘家庭内部和外部资源，通过学校的引导支持，家庭的落地实施，帮助家长主动构建丰富多彩、健康向上的家庭生活，促进家庭和谐，为孩子的健康成长营造了良好的家庭氛围。"

四、提升教师沟通能力

沟通是促进家校社协同育人有效发挥的重要密钥。我们的教师在家校社协同育人体系的实践与探索过程中，不仅加强了与学生沟通的能力，能够更加全面、客观地认识了解学生的性格、爱好和兴趣等，了解他们在学习过程中知识与能力的差异，从而能更好地因材施教。也不断提升与家长沟通的耐心，增强和改善与家长沟通交际的技巧，并能够依据不同家长类型，采取适合的沟通方式方法，从而消除家长的担心，增加家长的信任度，与家长建立良好的合作，推动家校社合作向更好的方向发展。

小A同学情绪波动极大，平时表现也两极化。情绪好的时候，遵守各项制度，特别听话、懂事，与同学相处融洽，能为他人着想。情绪不好的时候，易哭易怒，大喊大叫，动手打人，"六亲不认"，甚至因情绪过激出现过头痛、呼吸困难的状况。一次午饭前，学生们用湿纸巾清理桌面。一个同学误会小A多拿了湿纸巾，小A大声辩解自己没有多拿。两人争执起来，小A觉得自己受了委屈，气得一边哭一边猛地把这个同学推到墙角，不断用拳头狠狠地打这个同学的后背，一边打一边大吼："我没有！我没多拿！"两个孩子各执一词，哭着跑来向我告状。

在与小A同学家长沟通时，我主要注重三个方面，一是明确目的，获得信任。教师和家长的背景知识、思维方式和共同的价值体系虽然不完全一致，但教育对象一致、目标一致、内容也有相似之处，所以要把这一点放大，与家长沟通时着重强调，家长和教师的目的是一致的，都是为了孩子的发展。教师要让家长感受到，教师对待孩子是出于爱、是真诚的，家长才会对教师产生信任。二是建立长效的沟通机制，选择正确的沟通时机。班主任要在平时与家长建立稳定的、长效的沟通机制，经常相互交流孩子在家里、学校的表现。不要只在学生出现问题时与家长联系，当孩子有突出事迹、有进步时，更要进行表扬。在强化孩子有益行为的同时，让家长及时、全方位地了解孩子的情况，配合教育。这样，当孩子出现问题时，更容易与家长沟通，和家长达成共识，齐抓共管，达到良好的教育效果。三是沟通以表扬为主，只说事实，不人身攻击。与家长沟通要注意方式，不能一味地指责、批评，相反对孩子的表扬和关心要贯穿始终，要委婉地说明孩子的问题，讲明情况但不下结论，争取家长的最大支持。

具体来说，我先和家长聊了聊孩子最近的学习、生活情况，对孩子学习上的进步表示肯定和表扬。接着向家长说明了这次事件中孩子的做法，表明了作为班主任我对待两个学生公平、一视同仁的态度。并对小 A 事后能主动承认错误并道歉的做法进行了大力表扬。小 A 家长意识到了孩子的不妥之处，并与我一起分析了孩子有这样举动的原因，制定了相应的解决办法。此后，我经常与小 A 家长沟通孩子的情况，孩子能有意控制自己的情绪，与同学友好相处，心平气和地解决问题，家长也感受到了我对孩子的关爱和重视。

五、促进教师自我反思

教师们在协同育人的过程中，不断接受着来自社会、家长、学生的新要求，听取社会、家长、学生对自己教育活动效果的反馈，在这一种思想的交流与碰撞、行为的比较与修正中，我们的教师不断转变视角，检视、规范、调整和修正自己的教育思想和教育行为，提高自身教学能力，改进教学方法，提升自身研究能力、问题解决能力和创新实验能力，不断更新自己的认识，调整角色表现，在切实推动学生全面健康发展的同时，有效推进自身专业成长。

班上有个学生叫小赵，热情、善良，能说会道，是个挺可爱的男孩。学习方面，上课时注意力不集中，喜欢和旁边同学小声说话，作业的质量一般。于是，我找他谈话，期望他能遵守各项规章制度，以学习为重，改正随便说话的问题，争取进步。但他口头上答应得好，但在行动上坚决不改，依然我行我素才能发生改变。于是，我又调整了教育方法。

（一）目标导向——以人为本，兴趣激励

平时，小赵在书法、朗读方面也有不错的表现，很愿意展示自己。我让他为朗诵、书法、踢球排序，把最喜欢的排在第一位，于是他把足球排在第一位。为了踢好球，他愿意在保持良好纪律的前提下，改变自己随便说话的毛病，否

则惩罚他一次不能踢球。事实证明，他说到做到了。这种兴趣是发自内心、无条件的喜欢，诱发了内在需要，使他得到了心理、生理上的满足，促进他的主动转变。

(二) 正向引导——分数量尺，积极暗示

无条件的爱是教育好学生的前提。我们首先要与学生之间建立一座心灵相通的爱心桥梁。

我单独和他闲聊时，会做个这样的小游戏：如果给你自己的纪律打分，0分表示不合格，10分表示很优秀，你会给自己打几分？小赵说：我会打5分。我问他：你为得到这5分做了些什么？他说：我每天坚持提醒自己，课堂上不要随便和别人说话，不要干扰自己的学习。而且我还会下课时提醒别人注意。我说：你做得真棒！那你希望自己得到几分呢？他说：我希望得到8或9分吧。我：那你打算为此做点什么呢？他想了想回答说：我觉得自己只是心里想的多，实际行动上没有做到，我还得说到做到。我：你真是一个会反思的孩子。假设你纪律上有变化、有进步了，你觉得谁会注意到？（伙伴、朋友、老师）当伙伴们看到你的进步，他们会做什么？说什么？（他们肯定会夸奖我，而且愿意向我学习，我也特别自豪）那咱们就从现在开始努力说到做到吧！

这样的引导方式始终从正面鼓励他，不断强化优势的部分，产生强烈的积极心理暗示，唤醒他内心的需要，让改变自然发生。

(三) 系统治疗——因材施教，循循善诱

我拿着玩具和零食，带着小赵来到一间空教室里，坐下来闲聊，一边吃一边聊天，吃完了玩玩玩具。教师没有任何针对性的问题和导向，只是从平时的生活打开话题，小赵发现老师和平时不一样，逐渐放松下来。当他渐渐进入自己最真实的状态时，我问他：你现在有什么烦恼？需要什么帮助吗？他说：我觉得自己纪律上比较散漫，总是控制不住自己的嘴巴，常常想说话，我希望能改改。我问他：如果请几个朋友来帮助你的话，你会请哪几位？把他们的名字写写看。他很快写了下来，大概有5位。我让他从里面选出一位相处最开心的伙伴来，然后把伙伴叫来一起交流，说说他们最开心的时光，发生矛盾时的情形。两个孩子开心地说个不停。然后我让小赵把问题抛给伙伴，一起想办法解决自己的烦恼，伙伴很开心地答应并决定二人互相监督。我又通过班干部联系任课教师，重点关注小赵的课堂、课间表现，每天放学前一对一反馈，并提出改进的办法和建议。每周五放学时，面向家长总结一周的表现，孩子和家长都在场听取总结，这样老师、家长、学生之间无缝衔接，取得三方的信任和互相的支持。

我校创设了一个宽松的物质环境和放松的心理环境，及时给予孩子足够的心理支持和行动方法，并不断跟进反馈，取得家校共识。这样在系统里去解决个别生的问题，在细节中加以一对一的指导，收到了良好的效果。后来，我还会选择小操场、水系、紫藤架等自然环境，更有利于我们之间的交流沟通。

家校协同育人步入新时代，教师作为高质量推进家校社协同育人的重要因素之一，其发挥的力量不可小视。未来，我们将继续聚焦教师成长，不断调动多种资源，搭建多元平台，激活教师内生动力，调动教师家校社协同育人的积极性，提升教师专业能力，让教师以更专业的态度和技巧去指导和辅导家庭教育，为家校社协同育人贡献自己的智慧和力量，助力学生智乐绽放！

第三节　唤醒家庭教育，打造共育新格局

"天下之本在国，国之本在家。"从古至今，家与国休戚相关，国为大家，家为小家，小家是大家的重要成分。正如《礼记·大学》中所说："所谓治国必先齐其家者……一家仁，一国兴仁；一家让，一国兴让。"历史和现实告诉我们，国家的前途命运同家庭教育休戚相关。所以，重视家庭教育，实现家校齐头并进，是我们的必然选择。

我们的家校社体系建设正是充分立足这一思考而形成的，并在多年的实践探索中，除了关注学生的成长、教师的发展外，也不断满足家长学习与进步的需求。"一分耕耘，一分收获。"在家校社共育体系下，我们对家长们进行思想再教育、观念再更新、方法再升级、活力再激发，家长们的认知、能力等发生了一定的变化，从被动到主动，从消极到积极、从旁观者到参与者，从学习者到建设者，真正为家长在家庭教育上指明了方向，发挥出了家庭教育的价值，实现携手育人，让每个孩子共享人生出彩机会！

一、更新了家长对家校社共育的认识

苏霍姆林斯基曾说："儿童只有在这样的条件下才能实现和谐的全面发展，就是两个教育者，即学校和家庭，不仅要有一致行动，要向儿童提出同样的要求，而且要志同道合，抱着一致的信念。"[1]由此可见，家校社合力共育的最终目的，是使学校、家庭、社会在相同的价值观和教育观的引领下，共同培养德智体美劳全面发展的社会主义建设者和接班人。因此，一定要让家长的教育思想和认知与学校达成一致，才有可能真正实现这一最终目标。

然而很多时候，部分家长认为对孩子的教育主要在学习成绩方面，认为教育的主要承担载体是学校。在这样的认识下，即便家校有合作，也是停留在学生学习成绩层面。再加上学校具有教育专业的自信和权威，家长往往被动依附于学校，等待学校"分配"任务，而没有意识到要发挥自己教育的积极性和能

---

① 苏霍姆林斯基．给教师的建议[M]．北京：教育科学出版社，1984：397．

动性。

通过家校社协同育人，我校家校社协同共育的体系的实施改变了家长的这种观念，唤醒家长家庭教育主动性意识，使家长对于合力共育的认识有所提高。在课程的目标设置上，我们聚焦学生各方面的品质和能力，为家长打开了全面了解学生的另一扇窗口，促使他们开始关注学生的全面发展；在课程实施中，尊重每个家庭的实际条件，在大的方法与原则指导的基础上，留给家长足够的发挥空间，提高了家长参与的积极性；同时良好的合作成果，让家校双方更加理解了"合育"的作用与意义，懂得了各自在教育中的重要作用。

二、促进了家长家庭教育能力的提升

当前我国的家庭教育仍处在自然发展的状态。家长群体不是专业的教育群体，在社会对教育要求不断提高的背景下，家长对如何正确、科学育儿的方法、知识，有着迫切的接受再教育的需求，但家长自身难以通过有效渠道追赶上专业化的节奏，导致家长的教育焦虑日益凸显，而对于孩子的教育却往往"无从下手"，这也是激化家校矛盾的重要因素之一。

我们家校社协同育人体系的实施有效缓解了家长的教育焦虑，帮助家长更好地实现家庭教育，帮助学生家长完善自身教育的不足之处，同时也拉近家长与学生之间的亲情联系，使家长能够及时了解学生成长各个阶段的实际情况，及早发现学生在成长过程中的问题和不足，予以更好地纠正，从而真正促进家长家庭教育能力的提升，促进家庭教育更好地开展，为学生创设一个良好的家庭环境，以满足学生的学习需求和成长需求。

（一）项目式学习为家庭教育提供了先进的方法

项目式学习是一种以儿童为中心的动态的学习方法，引导儿童在解决真实问题的过程中建构自己的知识体系。这种方式兼具了主题明确、情境真实、内容综合、方式多样等特点，对于锻炼学生的沟通协作能力、实践创新能力等具有明显优势和促进作用。

因此，基于家庭教育的需要，基于家长学习与进步的需要，基于家庭环境下丰富的直接经验和真实性的特点，我们将项目式学习这一先进的教育方式引入到家庭教育中，形成家本课程。通过深度挖掘家庭日常生活中的教育资源，创设适合于家庭环境中实施的项目，为家长提供适宜的教育素材和指导，帮助家长以先进的教育方式和理念实施家庭教育。

在家本项目的设置中，我们依据"智慧"与"快乐"培养总目标细化形成的指标体系，根据每个年级学生的不同需求设计了相对应的项目群。在项目中，我们不仅告诉家长项目内容是什么，而且开设了"实施建议"的板块，告诉家长项目如何引出、如何与孩子合作、如何将难度控制在一定范围内等，为家庭教育提供了清晰的目标指引，帮助家长顺利地完成项目指导，在富有趣味的亲子互动中获得家庭教育的成功体验。在指标体系和家庭教育项目群两者的合力支撑下，家庭教育始终在科学的轨道上运行，并能够随着时间的推移和实践的积累持续优化升级，形成一个良性的循环。

对于家长来说，家庭教育项目课程是鲜活、独特且富有挑战的，它让家长的学习不再停留于枯燥的理论知识，而是在实践行动中高效地获得科学操作的方式方法。在家庭教育项目课程的实践下，家长与孩子得以平等的沟通合作，拉近与孩子的距离，增进亲子关系，促进相互理解，进一步激活了家庭教育的潜能，为孩子锻炼多种能力、形成优秀品质、提高学生居家生活和学习品质营造良好环境。正如我们一位家长所说的，家庭教育项目不仅满足了孩子的成长需要，也给我们家长在家庭教育上指明了方向，有了家本项目课程这个实实在在的媒介，我们也知道如何配合学校和老师去教育孩子了。

（二）"合格家长培训"为家长提供了专业的支撑

良好的家庭教育能力可以帮助家长成为孩子的良师益友，引导他们健康成长，培养他们的品德、智力和社会能力，为他们的未来奠定坚实的基础。为提升家长教育能力，夯实家长的教育职责，2021年，我校与北京教科院德育研究中心共同举办"合格家长培训"活动，为学生家长提供一个免费的"教学培训"场所，家长们通过这次培训活动，获取了相应的家庭教育知识，了解了更多有关教育的内容，收获满满。

比如，围绕"从'我们现在怎样做父亲'谈起"专题培训，一位家长谈到自己的收获：通过这个课程，我有三个收获，一是，人生是一场马拉松，不必非常在乎起点，没有所谓输在起点，只有赢在终点才是成功。二是，要充分尊重孩子的想法，不能扼杀孩子的好奇心，充分理解孩子。三是，孩子自己的事情让他自己去完成，要培养他自己承担责任，自己做决定，自己解决问题的能力，人生是他自己的，只有他自己能够掌舵自己的人生和未来。

除此之外，也给我带来了一些反思和启示，教育孩子的过程中对孩子要有充分的耐心，十足的细心，满满的爱心让孩子感受到家庭的温暖，感受到正能量，感受到正确地为人处世之道。家长在与孩子相处的过程中也要严于律己，树立榜样，以身作则，孩子有样学样，家长的榜样作用是巨大的。

围绕"培养儿童良好的学习习惯"专题培训，一位家长谈到自己的收获："老师对好习惯形成的原理讲得很透彻。尤其是内在动力和自控与的内在关系，对我们平时的应用提供了一个清晰的思路。除此之外，还收获了一是任务分解小步走很有必要，二是要留出磨蹭的时间。这次培训也给我带来了一些思考，一是不同的事情，结合孩子的实际情况协调好内在动力驱动和自控力驱动的比例。二是任务分解小步走，虽然自己也有意识，但有时却觉得太小的事没必要，忽略了对孩子来说却是一大步，因此也需要耐心地进行分解。同时不要急躁，平时多静下心想想需要分解的方面，在生活中潜移默化的分解灌输，积少成多并成为一种习惯。那是他的好习惯也是我的好的习惯"。

围绕"家庭氛围与儿童成长的关系"专题培训，家长们谈到自己的收获，一位家长谈到："给孩子创设机会，努力是自己事情。二是学会坚持，不是每件事都有理想结果，要学会转变思维方式，家庭氛围，是一个家庭中家庭成员之间的关系及其所营造出的人际交往情境和氛围，它包括家长的文化素养、行为习惯、生活态度、思想境界以及性格气质等。孩子长大后是非观基本形成无需再努力改变，能改变的是自己的心态，与孩子做事情的界限，学会尊重孩子，一件事当中为孩子做出分析，事情有利弊，让孩子自己选择，孩子也要尊重自己的选择，接受利弊得失"。

还有一位家长谈到："祝莉娟校长讲得非常好，让我非常有收获。感触最深的有几点，第一点是要把孩子当成一个独立的自然人，不要用小孩子的方式去对待他，要跟他进行平等的沟通，第二点就是父母要陪伴孩子一起成长，陪伴的质量要比数量更重要，我们要有一个高质量的陪伴。第三点就是，教育最大的成功是你的孩子愿意与你沟通，这件事情非常重要也非常难。在学校活动的支持下，我们要不断实践，身体力行去做得更好"。

历经3个月，92位家长坚持完成了全部培训课程，并上交了"毕业论文——育人故事征文"。通过"考核"，92名家长获得了首批"合格家庭教师"证书。在第一期家长培训活动的基础上，我们又开办了两期家长公益培训。在专家们的指导下，家长们慢慢地找到了与孩子相处的方式，亲子关系更加融洽，收获满满。

多位家长表示，通过此次学习，懂得了平等沟通与高质量陪伴的重要性。接下来，要将学习成果应用到家庭教育实践中，与学校相互配合，让孩子更好地成长、成材。

一位学生家长谈到："培训后，我根据专家的建议，与自己的行为做了比照，找出了作为家长的不足之处，今后我会跟孩子更好地相处。"

还有一位学生家长谈到："通过这六次课程，我学习到了很多教育方面的专业知识。同时，我还得到了'额外'的收获——孩子对我的肯定。我在孩子的兜里发现了一张小纸条，上面写着'我的妈妈肯定能够获得证书'，我深感欣慰。"

（三）教育经验的交流为家长提供了学习的机会

在家本课程的实施过程中，我们的教师与家长是一种相互合作的关系，其中，教师负责根据家庭教育的需要设计项目内容、制定实施计划、总结评价展示等，家长则负责项目在家庭中的落实环节，因此我们的教师与家长在项目的过程中始终保持着密切的对话与沟通。

作为专业的教育人员，教师有着丰富的教育经验，在家校合作对话中，我们教师能够将自己的教育知识与家长进行分享，帮助家长了解在新时代高质量发展背景下国家对人才的需求，帮助家长认识学习的本质，重塑教育价值观，帮助家长了解家校合作共育模式的优点以及必要性，同时也能一对一地为家长提供指导，解答家长在家庭教育中遇到的困惑和问题，引导家长转变教育观念，更多地关注孩子的内心健康和自身特点，鼓励孩子自我发现、自我实现，鼓励孩子在实践中锻炼自己的各种能力。在这一过程中，我们的家长也接受到很多科学的教育理念、教育方式等，不断调整完善自己的教育方法，并在自己的教育活动中真实应用，潜移默化中不断提升自己的教育水平。这样一种良性的互动为家庭教育的专业化发展提供了充足的营养。

三、增强了提升家校社协同育人实效

家校社协同共育常见的形式，如家长会、家长开放日、家长委员会等，往往只注重表面上活动本身的丰富性，对于提高家校社共育的品质效果甚微。即便有时会给家长一些关于教育的知识和方法，也常常由于不能兼顾到每个家庭的特点而无法落地。总体来说，流于表面的家校社合育是缺乏有效途径的显现，学校只有探求一种科学的方法，才能增强家校社共育的实效。

我校家本课程的实施，以课程的形式引领家庭教育，让课程不再只是学校教师的专属，家长同样能够在家庭教育中使用课程，科学培育自己的孩子。在家本课程的促进下，家校间的合育不再流于表面，其教育质量得到有效保障。

同时，我们也认为家长不仅仅是学习者和受益方，也是家校社协同中的参与者和组织者，因此我们招募爱心家长，组成家长团队，作为"科艺讲师"走进校园，进一步弘扬科学精神、普及科学知识，营造热爱科学、积极创新的氛围，助力学生智慧快乐成长！

从2020年起，我们招募家长志愿者作为"科艺讲师"走进校园，在课后服务时间开展通识讲座，现已有400余名家长在此过程中为师生们带来主题丰富的讲座，打开了同学们的科艺视野，体验奇妙的科艺之旅，深受师生，家长的认可和欢迎。

仅2023年，我校就面对家长招募志愿者，先后组建了第三批、第四批科艺讲师团。两批参与讲师团的家长共计226人，其中中国共产党党员137人，中国共产党预备党员1人，中国民主同盟盟员1人，中国民主建国会会员1人，中国民主促进会会员1人，九三学社社员1人。

第三批科艺讲师在2023年12月圆满地完成了宣讲任务。年级讲师面对全校师生完成了26次通识宣讲，班级讲师活动被公众号报道67篇。讲座同时面向安徽、云南、内蒙古、四川等地的学生们开放，为学生们搭建交流平台，得到了广泛的认可。

教育家蔡元培先生说："家庭者，人生最初之学校也。"[1]可见，家庭教育是教育生态圈的重要一环，家庭是孩子的第一所学校，是立德树人工作的起点。我们家校社协同育人体系在实践探索中，不断激活家庭教育积极主动性，为家

---

① 蔡元培.中国人的修养[M].上海：上海教育出版社,2018:34.

长开展家庭教育解惑赋能、搭建平台，指引、帮助和促进家长学习正确的教育价值观、教育理念和科学的教育方法，使家长们的教育理念、教育方式等方面都得到提升。今后，我们将继续以家校社协同育人体系为载体，不断发挥学校的主导作用，把做好家庭教育指导服务作为办学治校的重要职责，将家庭教育纳入学校工作计划，搭建多元协同共育平台，强化与家庭之间的交流互动，让家长快速成长为学校的好帮手，助力家庭教育，为学生智慧的快乐成长提供良性土壤。

第四节　学校发展，铺设协同育人幸福之路

耕耘不辍，笃行致远。家校社共育工作并不是一蹴而就的工作，而是一项重要且持久的工程，它需要三方共建，形成一个学校主导、家庭尽责、社会支持的协同育人格局。多年来，我校始终坚定以"立德树人"为根本任务，以实现学生智乐发展为核心，与家庭和社会紧密携手，共同推进家校社共育工作的开展。随着我校家校社共育工作的深入，不仅促进了教师育人观念和专业能力的提升，还实现了学生的可持续发展，同时也促进家庭教育水平的提高。在这个过程中，我校也实现了特色化和高质量的发展。

一、家校社合力，涵养美好教育生态

良好的教育生态需要学校、家庭、社会合力共育，学校要激活学生快乐学习的热情，家庭要提供让学生幸福成长的栖身之所，社会要让学生有对远方的向往，三方共同发力，才能让学生获得真正的成长。这也是我校努力营造的育人样态。在多年的探索和实践中，我校构建一种基于"智乐教育"下家校社共育的育人体系，包括理念和目标上形成共识、打造育人共同体、建立共育工作机制、形成共育课程及活动群、创新共育评价机制等，不断涵养家校社共育美好的教育生态。

（一）形成共识，构建了我校家校社共育的大格局

价值引领是开展家校社共育工作的关键所在，只有建立共同的认知，才能达成行动的统一。可以说，达成共识是基础。在基于"智乐教育"下家校社共育工作中，我校为主导，携手家庭和社会，明确理念，树立目标，达成共识，实现思想上同心、目标上同向、行动上同行。

我校在"智慧工作，快乐生活"的办学理念和"培养充盈智慧、快乐的现代少年"的育人目标的引领下，在充分调研家校社三方意见的基础上，明确了"协同家校社合力，共育智乐英才"的家校社共育理念，提出了"落实育人目标，培养智慧快乐少年；赋能家庭教育，提升家长教育能力；提升综合素养，

实现学生健康成长"的家校社共育目标。并通过学校公众号、协同育人知识讲座及专业培训等多种途径，从思想层面推动家校社协同育人理念的普及，营造合作共育的文化氛围，使三方对家校社共同育人的内涵意义、家校社共育理念、家校社共育目标等达成共识，形成共同育人的大格局。

（二）强化队伍，健全了我校家校社共育的工作机制

家校共育机制建设对于提高学校教育质量、促进家长参与、培养孩子综合素质、增强学校和家庭之间的联系以及推动学校和社会的发展等方面都具有重要意义。在家校社共育工作探索中，我们不断强化育人队伍，健全了家校社共同育人的工作机制。

首都师范大学家庭教育研究中心主任康丽颖教授认为："儿童在家庭、学校和社会环境的三重空间中接受教育，家庭重在养育、学校重在教育、社会重在教化。"[1]在我校看来，学校、家庭、社会每一个主体在教育中都是不可或缺的，三方各自要发挥资源优势，打造属于孩子的立体成长空间，满足学生多样化、差异化和丰富性的成长需求。那么，如何使三方在共育中发挥自身作用呢？就是要建立健全家校社共同育人的工作机制。我校针对学生、家庭、教师、学校、社会五个维度，建立了"五位一体"家校社共育实施模型，强调"坚持实践育人，助力学生全面发展；开展分层培训，增强家庭教育胜任力；组织教师研修，提升协同育人专业能力；搭建共育平台，丰富协同育人形式；整合社会资源，提高协同育人水平"五大模块，并辅以"两联动+三队伍"的家校社协同保障机制，即"安全联做"机制和"资源共享"机制和"家长委员会队伍""家庭教师队伍""社区服务队伍"的建设。这一工作机制的建设保障了家校社共育工作的有效推进。

（三）优化内容，开展丰富的家校社共育的课程及活动

课程及活动是家校社共育的重要载体和内容。没有丰富课程及活动为支撑，家校社共育工作就如无根之木，很难发挥真正效应。我校以"智乐教育"为核心，以学生发展为本，建构"智乐"家校社共育课程结构，架设学校、家庭与社会协同育人的坚实平台，实现教育的最优化。

---

[1] 康丽颖.第二届京师家庭教育高峰论坛发言论文集[C]. 北京：北京师范大学儿童家庭教育研究中心,2019.

我校建构的"智乐"家校社共育课程结构，主要是结合家长和学生的实际诉求，面向学生和家长群体设置的课程群。针对学生主体形成了"家本课程""家社课程"和"校社课程"，将课堂学习与社会实践相结合，让学生通过观察思考、实践探究、体验感悟，拓展家校社协同育人的边界；针对家长主体，形成了"家长培训课程"和"家长活动课程"，通过专题培训和特色家长活动提升家庭教育知识与能力。丰富的课程及活动，让三方不再各自为战，而是在课程及活动的组织、参与、学习中，实现三方的深度合作，推进家校社共育工作向好发展。

（四）创新评价，深化了我校家校社共育工作的开展

评价是杠杆，是检验、提升家校社协同育人效果的重要方式和手段。在家校社共育工作的推进中，我校建立了"智乐家校社"评价体系，坚持以评促建、以评促改、以评促管、以评促强，引导家校社共育工作的内涵发展、特色发展、创新发展。

我校建立的"智乐家校社"评价体系，一是注重评价主体的多元化，强调学生、教师、家长、学校、社会共同参与到家校社共育评价中，激发家、校、社三方共育的积极性和主动性；二是注重评价方式的多样化，强调定量评价与定性评价相结合、自评与他评相结合、过程性评价与终结性评价相结合，并辅以需求调研、前后测评、评价量表、成长档案袋、成果展示等不同的评价工具，保障评价的科学性和有效性；三是注重评价内容的多维化，针对不同的评价主体建立不同的评测点。针对学生的评价，着眼于从学业成绩、创新精神、实践能力、心理素质、学习兴趣与积极情感等方面进行评价。针对教师的评价，着眼于从师德师风、教学能力、管理能力、家校沟通能力等方面进行评价。针对家长的评价，着眼于从家风家教、家长辅导、家校配合、培训参与、活动所得等方面进行评价。针对学校的评价，着眼于从队伍素养、管理机制、资源利用、平台建设等方面进行评价。通过建立"智乐家校社"评价体系，我校更好地推进和保障家校社共育工作的实施，为学生的全面发展创造更加良好的教育环境。

在我校看来，好的教育生态就是充满平等、关爱、信任、友好、理解、尊重、鼓励、支持的教育生活。在这样的教育生活中，学生是主角，学校、家庭、社会都发挥着重要的作用。在我校务实且专注的实践中，我们不仅建立了由理

念、目标、内容、实施和评价形成的"智乐教育"家校社共育育人体系，还构建了家校社共育的美好教育生态，三方建立起互信共生的伙伴关系，形成一个相亲相爱的教育命运共同体，为培养未来优秀的人才而共同发力。

二、家校社合力，提升学校影响力

勤奋耕耘，天道酬勤。我校开展家校社共育工作以来，始终主动探索、积极实践，并不断总结经验、孵化成果，在持续地推进下，学校家校共育研究成果受到肯定，社会影响进一步扩大。

2016年，我校联合家庭的力量，以项目实践的方式，开发出"快乐成长"和"智慧学习"两门家本课程，以"智慧学习""快乐成长"分解的六大维度为基础，形成了12类项目群，在每类项目的具体实施中，我们又根据不同年龄段学生的学习和成长需求，采用了"一主题多项目"的形式，针对不同年级实施不同的家庭教育小项目。

2017年11月2日，我校举办了第一届家长博览会暨家本教材开发实施成果展示会，《现代教育报》以《编写首套家本教材学生现场展示成果——小学办起"家长博览会"》为题进行报道，《教育（周刊）》以《以快乐教育开启师生的幸福人生——北京市海淀区培英小学教育工作纪实》为题进行大篇幅报道。同年，我校家本项目活动成为万寿路学区的特色教育活动，并在学区刊物上刊登宣传。

2018年9月1日，我校在学校开学典礼活动中，家长、学生对家本校本教材进行反馈。北京晨报网、今日头条、教育那些事儿等媒体全面关注并进行报道。

2019年5月7日，我校在北京市海淀区教育科学研究院的领导下，举办了以"夯实立德树人培植育人特色"为主题的基于"智乐"办学理念的课程实践与探索研讨会。会上，北京教育科学研究院德育研究中心主任谢春风评价道："培英小学把几大关系处理得很到位。第一，培英小学已经把鲜活生动的课程实践和专注的职业道德有机结合起来。第二，专注的教育与开放的课程体系的结合。第三，把智慧和快乐作为学校的核心理念进行了有效地衔接。"同时，我校课程研讨会吸引了数十家媒体的关注与聚焦，中国教师报、中国网、北京教育播报、新浪教育、今日头条、教育那些事儿等媒体都进行了宣传报道。

2020年9月7日，我校举行了"播散希望种子扬起智慧风帆"家本项目绿色种植实践活动启动仪式。中国教师报、腾讯新闻、搜狐新闻、今日头条、教育那些事儿等多家媒体同时报道。

2020年11月3日，我校召开了以"'智'合作，'乐'启航，'智乐'家校育成长"为主题的第二届家长博览会。中国教师报、中国网、新浪教育、腾讯新闻、搜狐新闻、网易新闻、今日头条、教育那些事儿等多家媒体同时报道。其中，《中国教师报》的《教育家周刊》以《祝莉娟：与众人"同向而行"》为题整版报道了学校的办学思想与家本课程。文中提到："教育不止发生在学校的围墙内，仅靠学校的力量肯定是不够的，只有将家长带入教育的总体框架，才能让学生真正成为一撇一捺的'人'。""一个人的力量是有限的，我很愿意和大家一起，团队的力量才是巨大的……培养小学这块土地和周围这群人激发了我的想法：带着干部团队，引领教师团队，才能带起学生团队，才能影响家长与我们同行。"

2021年6月2日，我校举办了以"为党育人，为国育才"为主题的智乐教育成果交流展示会。会上，我校从社团建设、课堂打造、课程建设出发，多维度、多形式地展现了在党的指引下所取得的优秀教育成果，为我们的党献上100周年贺礼！同时，时值学校家本课程建设五周年，学校在会上还重点对"家本课程"的核心亮点进行了分享、交流与探讨，充分展现出学校聚焦新时代下的家校合育所提出的"以家为本"的家校共育思想及全新路径。会上，文喆先生、谢春风主任、吴颖惠院长在会上对学校所取得的教育成果进行了点评，给予了高度的肯定与评价。北京市教育科学研究院原副院长、著名学者文喆先生点评道："整个社会生活都是教育，都会影响学生的发展，所以我们要创造一个真正能包容全部儿童生活的教育，这要求我们的社会生活、家庭生活、学生生活思想统一。培英小学的家本课程建设的尝试是很有价值的，家校合作，合作育人，不但在教育思想上有很大的价值，更在操作上有很大的难度，培英小学在不断地探究与发现，它在努力创造一个社会、家庭、学校和谐一体的儿童成长的生活，儿童成长的文化！"北京教育科学研究院德育研究中心谢春风主任评价道："今天我来有四个目的：一来学习，学习海淀区的办学经验，学习培英小学为党育人、为国育才的精神，学习培英小学如何让学生智慧学习，学校的

'智慧学习''快乐成长'的指标体系，把握了教育的方向；二来探梦，探校长的办学之梦，师生的成长梦，学生的科技梦、体育梦……三来喝彩，为培英小学优质教育的内化之旅喝彩，它把教书育人的功夫真正做到了实处。四来思考，思考育人同心圆怎样才能画得更好，希望家庭、社会、学校承担起各自的责任。"北京市海淀区教育科学研究院吴颖惠院长点评道："每所学校在办学过程中，除了坚持国家的基本教育方针，让学生德智体美劳得到全面发展，还要办出学校自己的特色，培英小学的家本课程建设就是学校的特色之一。它建立起了学校与家庭之间的联系，拉近了教师与家长的距离，形成了教育合作，共同为学生的小学六年学习生活营造了一个良好的成长环境。"

2021年10月，在"双减"政策背景下，我校深入开展家校社协同育人研究实践，启动了"百名合格家长公益培训项目"，力求以项目的方式，让"减负"目标真正落地，助力孩子健康成长。北京教育科学研究院原副院长、北京师范大学兼职教授文喆，北京教育科学研究院谢春风主任、朱凌云博士、赵澜波、白玉萍等专家先后登上讲台，围绕立德树人根本任务，从家校协同育人中存在的问题、家庭教育观念、习惯养成、家风建设、建设良好亲子关系和家庭氛围等多个方面为家长学员授课，分享家庭教育智慧。经过一个学期的培训，于12月23日，我校举办了"家庭教师"结业典礼，92位家长圆满完成了"合格家长"系列培训课程，获颁"合格家庭教师"证书，成为全国首批持证上岗的"家庭中的好老师"。作为此次家长培训的组织方和课程设计者，谢春风主任表示，在"双减"政策和《家庭教育促进法》颁布实施的大背景下，此次培训不同于以往的家长课堂，"我们不是把家长当作家长，而是当作教师，希望通过系统地学习，能够帮助他们成为家庭中的好老师。而之所以首先面向一、二年级的家长开班，目的在于让家长有能力、有智慧给孩子上好'人生第一课'，把问题解决在萌芽阶段。"

2022年，我校进一步延续"家长公益培训项目"，这一年我校于3月份和10月份分别开办了两期家长公益培训，活动范围进一步扩大，涵盖三、四、五年级近200名家长积极参与。活动中还特别邀请了中国心理卫生协会会员、北京学校心理卫生委员会顾问杨忠健老师到校分享。家长们在培训中收获颇多，提升了育人水平，更好为学生的智慧学习、快乐成长助力。

2023年，为深入贯彻落实《中华人民共和国家庭教育促进法》，不断强化教师队伍家校沟通能力，我校与北京教育科学研究院德育研究中心联合开展了家庭教育指导服务师研修项目。该活动举办了三次，先后邀请重量级教育专家团队进行家庭教育方面的专业指导培训。我校共计20名干部和教师参加活动，通过集中学习、分组合作、深入探讨，系统学习家庭教育指导的专业课程。并于6月29日培训项目圆满完成，历时5个月，我校干部和教师通过丰富的课程设置和实践活动，提升了家庭教育指导服务的专业能力和素养，为其家校协同育人做深度专业赋能，为家庭教育事业、家校社协同育人工作，提供更专业的家庭教育指导服务。

2023年3月29日，基于前期在建设家校社协同育人实践基地过程中的实践经验，我校与今日家园社区家校社协同育人实践基地举行授牌仪式，这是北京市设立的第一个家校社协同育人实践基地，该实践基地既是学校党总支和社区党委共同服务百姓的工作平台，也是推动教育由家办学办到家门口的实践平台，更是促进儿童全面健康发展、携手共创家校社协同育人的理想实践平台。

与此同时，为了深化家校社协同育人办学成果，我校于2021年出版了《智乐教育——基于小学家本课程建设的立德树人行动研究》一书，这一成果荣获了海淀区"十三五"优秀教育科研成果一等奖。2022年，我校通过对多年智乐教育的总结，出版了《智乐教育：新时代小学立德树人实践探索》专著。

在过去的时光里，我校"智乐"家校社共育工作如同一幅精彩的画卷，缓缓展开。我们共同描绘出了无数温暖的瞬间，收获了无数的成果，汇聚成一幅充满希望的育人画卷。可以说，每一次实践和探索，都是我们用心勾勒出的家校社共育的美好记忆。我们深知，这份画卷的完成，离不开每一位参与者的辛勤付出。每一位老师、家长和社区成员，都是这幅画卷上不可或缺的色彩。他们的努力与支持，让家校社共育工作绽放出耀眼的光芒。

展望未来，我们满怀憧憬。让我们与家庭、社会继续携手同行，共同书写培英小学"智乐"家校社共育工作的新篇章。相信每一次的努力，都能成为孩子们成长的助力；每一次的合作，都能为他们的未来播撒下希望的种子。在这个充满无限可能的旅程中，愿我们共同创造更多美好的回忆，让家校社共育的梦想照进现实，成为孩子们心中最温暖的旋律。

参考文献

1. 单志艳. 家庭教育指导服务规范研制研究[J]. 少年儿童研究, 2019(5):6,10-14.

2. 方建移, 胡芸, 程昉. 社会教育与儿童社会性发展[M]. 杭州:浙江教育出版社, 2005.

3. 侯怀银. 中国社会教育的若干问题[J]. 教育研究, 2008(12):40.

4. 毕诚. 家校社协同育人的文化思考[J]. 人民教育, 2021(11):61-63.

5. 刘衍玲, 臧原, 张大均. 家校合作研究述评[J]. 心理科学, 2007(2):400-402.

6. Bronfenbrenner, U. The Ecology of Human Development:Experiments by Nature and Design[M]. Cambridge:Harvard University Press, 1979.

7. 周序. 文化资本与学业成绩:农民工家庭文化资本对子女学业成绩的影响[J]. 国家教育行政学院学报, 2007(2):73-77.

8. 朱伟珏."资本"的一种非经济学解读:布迪厄"文化资本"概念[J]. 社会科学, 2005(6):117-123.

9. 孙庆曜. 谈小学德育协同教育的策略[J]. 教育探索, 2002(8):89-90.

10. 南国农. 成功协同教育的四大支柱[J]. 开放教育研究, 2006(5):9-10.

11. 郗厚军. 学校家庭社会协同育人:性质指向、理论意涵及关键点位[J]. 东北师大学报(哲学社会科学版), 2022(3):139-145.

12. 康丽颖. 健全校家社协同育人机制的政策内涵、现实困扰与工作路径[J]. 人民教育, 2023(24):29-32.

13. 马晓丽, 白芸. 家校社协同育人的基本内涵、关键要点与过程机制[J]. 福建教育, 2021(24):6-9.

14. 蔡元培. 蔡元培自述[M]. 北京:中华书局, 2015.

15. 中共中央办公厅,国务院办公厅.关于进一步减轻义务教育阶段学生作业负担和校外培训负担的意见[R/OL].(2021-07-24). http://www.moe.gov.cn/jyb_xxgk/moe_1777/moe_1778/202107/t20210724_546576.html.

16. 中华人民共和国教育部.中华人民共和国家庭教育促进法[R/OL].(2021-10-23). http://www.moe.gov.cn/jyb_sjzl/sjzl_zcfg/zcfg_qtxgfl/202110/t20211025_574749.html.

17. 教育部等十三部门.关于健全学校家庭社会协同育人机制的意见[R/OL].(2023-01-17). http://www.moe.gov.cn/srcsite/A06/s3325/202301/t20230119_1039746.html.

18. 习近平.论党的宣传思想工作[M].北京:中央文献出版社,2020.

19. 邵晓枫,郑少飞.新形势下的家校社协同育人:特点、价值与机制[J].现代远程教育研究,2022(5):82-90.

20. 张志勇.建设教育强国迫切呼唤大先生[J].现代教学,2022(6):1.

21. 岳瑛.我国家校合作的现状及影响因素[J].天津市教科院学报,2002(3):52.

22. 苏霍姆林斯基.给教师的建议[M].北京:教育科学出版社,1984.

23. 蔡元培.中国人的修养[M].上海:上海教育出版社,2018.

24. 康丽颖.第二届京师家庭教育高峰论坛发言论文集[C].北京:北京师范大学儿童家庭教育研究中心,2019.

25. 曲跃厚,王治河.走向一种后现代教育哲学:怀特海的过程教育哲学[J].哲学研究,2004(5):85-91.

26. 吴遵民.改革开放40年中国终身教育的历史回顾与展望[J].复旦教育论坛,2018(6):12-19.

27. 胡钦太,刘丽清,郑凯.工业革命4.0背景下的智慧教育新格局[J].中国电化教育,2019(3):1-8.

28. 宁本涛."五育融合"与中国基础教育生态重建[J].中国电化教育,2020(5):1-5.

29. 爱普斯坦,乔伊丝.学校、家庭和社区合作伙伴:行动手册[M].吴重涵,薛惠娟,译.南昌:江西教育出版社,2012.

30. 教育部课题组.深入学习习近平关于教育的重要论述[M].北京:人民出版社,2019.

31. 边玉芳,张馨宇.新时代我国学校家庭社会协同育人的问题与对策研究[J].中国教育学刊,2023(2):43-44.

32. 袁柯曼,周欣然,攀琴.中小学教师家校合作胜任力模型研究[J].中国电化教育,2021(6):98-104.

33. 李镇西.爱心与教育[M].成都:四川少年儿童出版社,1998.

34. 冯建军.构建立德树人的系统化落实机制[J].国家教育行政学院报,2019(4):8-18,46.

35. 全国妇联、教育部、中央文明办.关于进一步加强家长学校工作的指导意见.[EB/OL].(2011-01-27).http://www.moe.gov.cn/jyb_xxgk/moe_1777/moe_1779/201105/t20110516_119729.html.

36. 本刊编辑部.新时代教育评价改革向更深远处迈进[J].人民教育,2023(20):14.

37. 贾艳萍.东风场区与地方部分家庭教育的差异[J].新课程(中),2015(7):20.

38. 于红.多元智能理论对我国幼儿教育的启示[J].长春教育学院学报,2014(4):62-63.

39. 褚娟.有效开发幼儿园班级家长资源的策略[J].成才之路,2012(24):25-26.

40. 王治高.三位一体多元共生实现家校社协同育人[J].湖北教育(政务宣传),2023(11):10-12.

41. 高书国,康丽颖,阚璇.学校家庭社会协同育人的基本框架及其构建策略[J].中国远程教育,2024,44(2):3-11.

42. 江嵩.校家社协同:让孩子全面发展健康成长[J].民生周刊,2023(24):40-41.

43. 陈明弘.基于生活教育的小学综合实践学力提升探索[J].考试周刊,2023(52):11-14.

44. 杨华俊.锻造雁行团队　汇聚远行力量[J].好家长,2018(28):74.

45. 牟海霞. 以"团"之名携手共进　活动引领众行致远[J]. 山东教育,2023(16): 34-35.

46. 潘曦. 陶行知生活教育视域下的幼儿园环境创设研究[J]. 当代家庭教育, 2022(31):77-80.

47. 薛波,叶茂恒,马雯君. 家庭教育导师制的实践与探索[J]. 中国德育,2023 (3):61-63.

48. 王海兰. 小学生数学自主学习能力的培养浅谈[J]. 基础教育论坛,2013(10): 30-31.